ぼくが宗教を読み解くための12のヒント

島田裕巳

亜紀書房

ぼくが宗教を
読み解くための
12のヒント

一般読者の目線で——はじめに

宗教を読み解くということは、とても難しいことだ。

学問ということで考えれば、対象が何であれ、それを読み解くのは容易ではない。経済だって、政治だって、文学だって、さらには自然科学が扱う対象だって、どれも簡単には読み解いていけない難しさをもっている。

そのなかでも、とりわけ宗教を読み解くのは難しい。そこには、日々の暮らしのなかでも、厄介だと感じることの多い、人間のこころの問題が直接にかかわってくるからだ。でも、それだったら、他の領域にもあてはまる。宗教が特別厄介なのは、他界や神仏の世界といった、目に見ることができない領域を扱わなければならないからではないだろうか。

何かの宗教を信じているという人がいたとき、その人が何を信じているのか、外部の人間にはそれを把握することが難しい。信仰を共有しなければ、信仰をもつ人のこころのなかでどういった対象が価値あるものとして崇拝の対象になっているのか、それを理解できなかったりする。

ぼくが、そんな宗教という現象を研究するようになって35年以上の月日が経った。はじめは好奇心の方が強かった。そのときには、自分がこんなに長い間宗教について研究を重ね、宗教学者と称するようになるとは考えもしなかった。

宗教について研究しているなかには、自らが信仰をもっているという人が多い。寺や神社、教会など、宗教にかかわっている家に生まれたという人もかなりの数にのぼる。その点で、ぼくの場合には、そうしたことがまるでない。ぼくは、普通のサラリーマンの家に生まれ、宗教とはそれほど縁のない環境で育った。今でも、はっきりとした信仰をもっているわけではない。

おそらく、この立場や成育環境は、この本を読んでくれる一般の読者に近いもののはずだ。そんな、宗教とはとくに縁のないごく普通の人間が、宗教という特異で、厄介な現象を読み解いていくにはどうしたらいいのか、ぼくがこの本で書いてみたいと思っているのは、そのことだ。そのために、ぼくがどういった形で宗教を読み解こうとしてきたのかを示そうと試みた。

宗教の時代と言われる現代において、いかにして宗教を読み解き、宗教と付き合っていけばいいのか、そのヒントを得てもらえれば、著者としてこれほど嬉しいことはない。

ぼくが宗教を読み解くための12のヒント

目次

Ⅰ章 超越性あるいは聖性

自らの体験を通して他者と出会う

エピファニーは誰にでも現れる

●ある翻訳

本はネットで買う。そんな時代になってきたけれど、書店に行ってみないと、思わぬ本との出会いということは起こらない。

とくに洋書の場合にはそうではないかと思う。なにしろ、どんな洋書が出ているのか、新聞広告に出ない分、情報がどうしても限られているからだ。

ぼくも、それほど頻繁に洋書店や大型書店の洋書売り場に出向くわけではない。けれども、たまに出かけてみると、不思議と掘り出し物に出会うことがある。

30年前にもそんな出会いがあった。

それは、高田馬場にある芳林堂書店の洋書売り場でのことだった。その頃ぼくは、「緑のふるさと運動」という新しい共同体を作る運動にかかわっていた。その事務所が高田馬場の早稲田大学寄りにあったので、芳林堂に寄ることも多かった。

その日、洋書の棚を見ていくと、一冊の本が目に止まった。それはペンギン・ブックスの一冊で、著者はGregory G.Reckとあった。タイトルはIn the Shadow of Tlalocとなっていた。著者は人類学者のようだったけれど、ぼくはその名前をまったく知らなかった。

その本がぼくの目に止まったのは、副題が「メキシコの村の人生」となっていたからだ。当時のぼくは、カルロス・カスタネダの本の影響で、メキシコに関心をもっていた。

その本を手にとって、少し立ち読みしてみると、なんだかとても面白そうだった。ぼくは、その本を買って、全部読んでみた。期待にたがわず、本当に面白かった。ぼくは感動し、ただそれだけに終わらず、ぜひともその本を翻訳してみたいと考えた。

その本と出会ってから3年後の1981年、この本は、『トラロクの影のもとに―メキシコの村の人生』として野草社という出版社から刊行された。一人で一冊まるごと翻訳したのは、それがはじめてのことだった。

人類学者の書いた本ということになれば、当然、フィールドワークの記録ということになる。この本も、著者のフィールドワークがもとになっていた。ただし、形式は小説で、本からの引用もなければ、注もほとんどついていなかった。小説家が書いたものだと言われれば、それに疑問をもたないような本だった。

最初の章は、その村の創建に関する12世紀の物語になっていて、神話的な叙述のスタイルがとられている。後の章は、現代の物語になっていて、近代化していくメキシコの社会のなかで、その波に乗ろうとしてもがきながら、なかなか成功を勝ち取ることができない村の男性とその家族のことが語られていた。

物語はそれほどドラマチックに展開するわけではなかったけれど、ユーモラスなところもあれば、もの悲しいところもあった。著者が実際に見聞したことがもとになっていたが、著者自身は物語のなかにいっさい登場しない。

●盲目の老人の頼み

ただ例外は、「人類学と人間の生活」という見出しのついた最後の付論の部分で、そこには著者自身が登場した。

もし、この付論の部分がなかったとしたら、あるいはぼくはこの本を翻訳しようとは思わなかったかもしれない。

著者は、その付論のなかで、彼が人類学の調査を行う上で、転機となった出来事についてふれていた。

村には、聖母マリアを祀る小さな礼拝堂があった。そこへ通じる石段の下には、いつものように本書では仮にドン・チャロと呼ばれている盲目の老人がいた。著者は、11月のよく晴れた日の朝、そこを訪れたのだ。格別用事があったわけではなくて、ただ老人に会って、話を聞こうということだったに違いない。

レックは、老人に誘われ、石段を登り、礼拝堂の奥にあるベンチに腰かけた。彼がそのまま黙っていると、下を向いて物思いにふけっているかのように見えた老人が、突然、顔も上げないまま「何がお前さんに見えるか教えてくれんかね」と尋ねてきた。

レックは、礼拝堂を見回して、そこにあるものを説明していった。礼拝堂だから、そこには祭壇がある。彼は、祭壇やその周囲にあるものを、盲目の老人にも分かるように、細かく説明していった。

説明を終えたレックは、「これで全部だよ。他に大事そうなものはぼくには見えないよ」と、老人に告げた。

ところが老人は、「上出来。上出来」とは言うものの、「じゃが、もう他には見えんかね。これで本当に全部かね」と念を押してきたのだった。

レックは、改めて礼拝堂のなかを見回したけれど、格別説明しなければならないようなものは見つからなかった。

老人は、ぶつぶつ言いながら、礼拝堂を出ると、石段を下り、その一番下の段に腰かけた。そこでレックが、何を自分が見落としたのか、それを聞き出そうとすると、老人は、「わしは知らんよ。じゃが、お前さんの説明してくれたもんは、内っかわから湧いてきたもんじゃなくて、ただ外にあるもんばかりだったんじゃないのかね。ここにあるもんは、見えなかったかね」と言って、自分の胸のあたりを指でさした。

レックには、思い当たることがあった。老人は日ごろ、こころのなかの感じ方や思い出がいかに大切かを力説していたからだ。

それだけではない。レックは、その礼拝堂に入るたびに、特別な感覚に襲われていた。「あまりにひっそりしていて、シュールな雰囲気さえ感じられた。今日だって、実はそうだった」のだ。ところが、そのことについては何も語らずに、ただそこにあるものを説明していっただけだったのだ。老人が求めたのは、そんなことではなかった。

レックは、この出来事をきっかけにして、フィールド・ノートと調査資料の洗い直しの作業にかかる。それまでは、科学で強調される客観性を追求するあまり、村の人々がどういった感覚を抱いているのか、あるいは、調査者である自分が、対象となる人々との交わりのなかで、どういった感情を抱いたのかを、いっさい無視していた。そのことに大きな疑問を感じるようになったのだ。

フィールドワークの記録が、小説の形をとって発表されたのも、著者にこの体験があったからだ。そして、付論の最後には、感動的なエピソードがつづられていた。

それは、レックが、メキシコの村から母国アメリカの首都、ワシントンへ戻ったときのことだった。彼の大学はワシントンにあった。

彼は戻ってから数週間後、国立無原罪懐胎聖堂に出かけていった。ドン・チャロ老人から頼まれて、そこにろうそくをあげるためだった。あるときレックが、この聖堂の話をすると、老人は、そんな大きな聖堂なら、ご利益も大きいに違いないと言って、ろうそくをあげてくれるよう頼んできたのである。

レックが、地下の礼拝堂の小部屋に入っていくと、老人にその聖堂のことを話した夕方の光景が浮かんできた。それはまるで村に戻ったかのような感覚だった。レックは、その感覚を次のように説明している。

「くだんのろうそくを、他のろうそくと並べて小さな燭台の上にのせると、あたりの静けさが私をそこへ連れ戻してくれた。眼の前でまたたいているろうそくは――その中にドン・チャロのろうそくも含まれていたのだが――ぼんやりとかすんで、しばしの間、あのトラロクの影のもとにある小聖母の礼拝堂の中にあるかのように思えたのだった。ドン・チャロやホノトラの人々の生活における希望や悲しみや喜びや矛盾を思った時に感じる感情の高まりに包まれて、私は息のつまる思いだった」

トラロクとは、村にそびえ立つ大きな聖なる岩のことで、ホノトラは村の名前である。レックは、ホノトラの村の小さな礼拝堂やワシントンの立派な礼拝堂のなかで、彼がどういった感覚を得たのか、それほど詳しく説明しているわけではない。

それでも、この付論の最後の部分を読むと、彼が特別な体験をし、それまで感じたことのない何かにふれていたことが分かる。

なぜ彼が、村の小さな礼拝堂で特別な感覚に襲われたのか、なぜワシントンの国立無原罪懐胎聖堂で、調査していた村に戻ってしまったかのような感覚をもったのか、その理由や原因を説明することは難しい。あるいは、ドン・チャロが言う、自分の胸のうちで感じるもの、こころの底から湧いてくるものが、いったい何なのか、合理的な説明を行うのは至難の業である。

だからこそ、レックは、自分のフィールドワークでの調査を、通常の論文という形では発表せずに、小説という形式を採用したのであろう。その特別な形式をとることで、この本は学術的な価値は失ってしまったかもしれない。でも、それを読む読者には、忘れ難い印象を残すドキュメントになった。その証拠に、『トラロクの影のもとに』の英語の原本は、現在でもペーパーバックとして刊行され、手軽に読むことができるのだ。

●ヤマギシ会の「特講」での経験

この本と最初に出会ったとき、ぼくは大学院の修士課程の院生で、宗教学を学んでいた。本が刊行されたときには、博士課程に進学し、依然として宗教学の勉強を続けていた。

ぼくが、なぜ宗教学という学問を専攻するようになったかについては、くり返し書いてきたので、ここではふれる必要がないと思うけれど、本格的に宗教学の研究を志すようになったのは、大学4年生のゼミの調査で、日本で一番規模の大きな共同体の運動、「ヤマギシ会」を担当し、その研修会に参加して感化され、一時そのメンバーとしてヤマギシ会の共同体で生活した経験をもっていたからだった。

ぼくがヤマギシ会に実際にいた期間は7カ月と短かったものの、当時は、同じように一時ヤマギシ会のメンバーだった人間たちが、ぼくの周囲に数多くいた。緑のふるさと運動は、ヤマギシ会が運動の資金を出していたけれど、主にその運動にかかわっていたのは、そうしたヤマギシ会の元メンバーたちだった。

ぼくは、ヤマギシ会を脱会するときに、はじめて大学院への進学を考えるようになった。そこには、自分のヤマギシ会での体験にどういった意味があるのかを考えたいという気持ちが働いていた。

もしぼくが、ヤマギシ会と出会うことがなかったとしたら、大学院に進むこともなかっただろうし、ましてや宗教学の研究者になることもなかったはずだ。それぞれの研究者が自分が研究する学問を専攻するにあたっては、さまざまな動機やきっかけがあると思うけれど、ぼくの場合には、自分の体験ということが大きな比重を占めていた。

そもそも、ぼくがヤマギシ会に入ろうと考えたのは、「特講」と呼ばれる1週間の研修会で、それまで知らなかったヤマギシ会の思想というか、特異な考え方にふれ、そこに可能性を感じたからだった。

最初、ぼくは、ヤマギシ会を調査する調査者として特講の場に臨んだ。もちろん、ヤマギシ会の運動自体に関心があったからこそ、それを調査の対象として選んだのだけれど、特講がはじまる時点で、そのメンバーになろうなどとはまったく考えていなかった。

ところが、特講の2日目に行われ、そのメインに位置づけられている「怒り研鑽」という場面に遭遇したとき、自分の怒りをめぐる考え方が大きく変わるのを経験した。それまでの考え方とは違う見方をすることで、腹が立つことなどないというヤマギシ会のメッセージを受け入れられたのだけれど、それは教えられたから受け入れられたのではなく、まさにドン・チャロが言うように、内っかわから湧いてきたものだった。

もともとぼくは怒りっぽい人間ではなかったし、まして暴力を振るうような人間でもなかった。その点では、特講に参加することで、その態度が劇的に変化したというわけではない。

でも、その怒り研鑽の体験がなかったとしたら、その後の人生は違ったものになっていたのではないかという思いはある。その影響は、ヤマギシ会に参加したり、宗教学を大学院で学びはじめたということにはとどまらなかった。もちろん、そうしたことも、ぼくの人生においては決定的な意味をもっているものの、やはり重要なのは、ぼくのこころのなかで起こった変化であり、体験だった。

あるいは、こんな風に説明しても、何のことかさっぱり分からないと言われてしまうかもしれない。体験というのは、おしなべてそうだけれど、ことばにして表現することは難しい。不可能だとも言える。

だからこそ、ヤマギシ会では、特講での体験については、まだそこに参加していない人には、詳しく語らない方がいいと釘を刺していた。それは、閉鎖性をもつ組織に特有の秘密主義として考えることもできるけれど、体験を他者に伝えることの難しさを考えれば、ヤマギシ会の主張にも一理ある。

ぼくが、『トラロクの影のもとに』を読んで、それに引かれ、ぜひとも翻訳してみようと考えたのも、レックの体験と、自分の体験とが重なり合うように思えたからだった。

翻訳という作業は、それ自体、とても興味深いものだ。なにしろ、他人が書いた文章を、別の言語に移し替える作業だからで、自分で文章を書くということとは根本的に異なる部分をもっている。

文章には、それを書いた人間の「人格」が宿っている。翻訳の作業をする上では、その人格に自分を重ねていかなければならない。つまり、著者の気持ちになって訳文を作っていかなければ、本当の意味で翻訳をしたことにはならないのだ。

ぼくは、他にもいくつか翻訳を手がけているけれど、必ずしも著者の人格と翻訳者である自分の人格とがうまく重なり合うとは限らない。そこには、齟齬や対立が生まれることもある。当然、著者の主張に賛同できないことだってある。

ところが、『トラロクの影のもとに』の場合には、翻訳を進める上で、ぼくはいっさいそうした問題を感じることがなかった。訳者が自ら判断を下すことはできないけれど、もしこの本から翻訳臭さがあまり感じられないとしたら、ぼくの人格と著者の人格とがうまく融合し、一つの新しい人格がそこに生み出されていたことを示しているのではないだろうか。

その意味では、『トラロクの影のもとに』は、ぼくにとって特別な本だ。そんな本に出会えることはめったにない。その後も、いくつかの本の翻訳を手がけているけれども、自分で本を見つけ、率先して翻訳をしようと考えたケースは、他にない。

つまりそれは、著者のレックが書いていることが、ぼくに本当にしっくりいったということを意味する。ぼくはメキシコには行ったことがないし、どこかの礼拝堂で彼のような感覚に襲われたこともない。

でも、ヤマギシ会の特講での経験から、何かそれまで知らなかった、あるいは別のところでは体験しなかった事柄に接し、それが自分の人生にとって大きな意味をもつようになるということがどういうことなのかは、分かった気がする。だからこそ、レックが書いていること、あるいは彼がなぜ小説という形式を選んだのかということも、理解できる気がしたのである。

●異なる体験がひびき合う

客観性を重視するアカデミズムの枠のなかで考えれば、研究者の個人的な体験など、数量化も普遍化もできないイレギュラーな現象であり、何かを証明する根拠として活用できるものとは認められない。

礼拝堂で、レックがどんな感覚に襲われようと、ぼくが特講で何かに気づこうと、それは個人的な体験であり、少なくともアカデミズムの対象にはなり得ない。

けれども、ぼくが扱っているのは、体験ということがとても重要な意味をもつ宗教という現象である。レックも、人類学者として、調査対象となった社会に生きる人々が、どういった世界に生きているのか、その内面に何を抱えているのかを理解していかなければ、本当の意味で、その社会の本質に迫ったとは言えないと感じたことだろう。

それが、自然科学や社会科学とは異なる、人文科学の特徴であり、特質である。人間という生きた対象を扱う以上、個人の内面の世界をどのようにとらえ、その価値を評価するかという問題を無視するわけにはいかないのだ。

宗教の本質をなす、超越的なもの、あるいは聖なるものを理解するために、いくら文献にあたったとしても、表面をなでているだけだという感覚を払拭することは難しい。だからといって、宗教家や信仰者と同じ道を歩み、宗教や信仰の世界に深く入り込んでいかなければ、その本質は理解できないということでもない。

もし、そうだとしたら、客観性ということを旗印にしている宗教学という学問自体、まったく成り立たないことになる。宗教を理解するには、信仰をもたなければならない。そうした結論に至ってしまえば、宗教学の試みなどまったく無価値だということになってしまう。

ぼくたちは、日常の暮らしのなかでさまざまな体験をする。今日の経験は昨日の経験とは違うし、明日の経験は今日の体験とは違うはずだ。違う場所へ出かければ、普段とは異なる光景に接し、異なる人々と出会う。同じものを見たとしても、見る側のこころのもちようで、同じものがまったく別のものに見えてくる。

たとえば、空に昇る月を見たとする。空は晴れ渡り、満月が皓々とあたりを照らしている。それは、はるか大昔からくり返されてきた光景で、どの人間にとっても、それまで幾度となく接してきたありふれた光景にすぎない。

でも、ぼくたちが恋をしていたとしたら、どうだろうか。月はいつになく美しく感じられることだろう。同じ月を、別の場所で、今同じように見つめている人がいる。今はその人と遠く隔たっているかもしれないけれど、こころはつながっている。そう思えたとき、ただの満月は特別な意味をもって輝き出す。それは、太陽がなければ光を放つことのないただの岩石のかたまりではなく、超越的なもの、聖なるものとして、それ自体が特別な光を放ってくるのだ。

もし、そうした思いで満月を眺めたことがない人がいたとしたら、その人の人生は、いくら物質的な面で成功をおさめていたとしても、決して豊かなものとは言えないだろう。反対に、いくら貧しい生活を送っていたとしても、空に浮かぶ満月に何らかの神聖性や神秘を感じたとしたら、その人の人生は、はるかに実り豊かなものになるはずだ。

ぼくが宗教学を学びはじめたころ、世界的な宗教学者、ミルチア・エリアーデの存在を教えられた。エリアーデは、ルーマニアの生まれで、故国の複雑な政治情勢のため、途中から亡命者としての生活を送らざるを得なくなる。最終的には、アメリカに渡り、シカゴ大学の教授に就任し、そこはエリアーデ宗教学の牙城ともなっていくが、彼は、人間と超越的なもの、聖なるものとのかかわりのなかに、宗教の本質を求めようとした。

エリアーデは、超越的なもの、聖なるものが地上にあらわれるという出来事を「エピファニー」と呼んだ。エピファニーは、「公現祭」と訳され、イエス・キリストがその神性を現したことを記念したキリスト教の祭日だけれど、エリアーデは、そのことばに、キリスト教という単一の宗教に限定されない普遍的な意味を見いだそうとした。

何らかの形で、人々の前に神のような超越的な存在があらわれることが、エリアーデの言うエピファニーである。レックがホノトラの村の小さな礼拝堂で体験したことも、ぼくがヤマギシ会の特講で経験したことも、広い意味でのエピファニーに相当する。

自分の体験と他者の体験とは異なっている。けれども、異なる人間同士の体験が響きあい、共鳴しあうということは、いくらでも起こりうる。他者の体験を理解するということは、それと響きあう体験を自分のなかに求めるということでもある。

他者の体験を理解するためのきっかけとなる自分の体験は、必ずしも特別なものである必要はない。それは、ぼくたちが、日々の暮らしのなかで遭遇する当たり前の体験でかまわないはずだ。

問題は、その体験をどのようにとらえ、そこから何を引き出してくるかである。体験をそのままにしてしまえば、そこからは何も引き出せないし、ましてや他者の体験を理解するためのきっかけとして利用することはできない。

ぼくらは、自分の体験を掘り下げていかなければならない。いったいその体験は、ぼくらをどこへ連れていこうとしているのか。それを見極めていかなければならないのである。

Ⅱ章 信仰

壁を乗り越えて別の次元へ

イニシエーションという概念の重要性

●枠から解き放つ作用

宗教の本質は信仰にある。

よくそう言われる。たしかに、宗教という現象とかかわろうとすれば、信仰の問題が必ず浮上してくる。

ただ、ここで言う信仰には二つの種類があるように思える。片方は「堅い信仰」で、もう片方が「緩い信仰」だ。堅い信仰は、一部の信仰者がもつもので、一方、緩い信仰は、日ごろ「無宗教」だと公言している日本人一般がもつ、習俗に限りなく近いものと考えていいだろう。

日々の暮らしのなかで、ぼくらが堅い信仰に出会うのは、たとえば、聖書の勉強をしてみないかと言って戸別訪問をしてくるキリスト教系新宗教の信者と話をしてみたときだ。

そうした人たちは、今の世の中がいかに腐敗堕落し、危機的な状態にあるかを説明したパンフレットを持っていて、このまま行けば、人類は滅亡すると警告する。

たしかに、現代の社会では、経済危機や環境汚染、テロなど、深刻な事態が多発している。その点では、彼らの言うことにもっともなところがないわけではない。

けれども、彼らの話は、そこから彼らなりの独自な聖書の解釈に進んでいき、彼らの信仰を受け入れないかぎり、救われないということになっていく。ぼくらは、危機感は共有できたとしても、なかなか彼らの信仰は受け入れられない。

ぼくも若いときは、いったいこの人たちは何を考え、どういった信仰をもつようになったのかに興味を感じたので、幾度となく議論をしたことがある。

でも、いくらこちらが議論を吹き掛けたり、反論を展開したりしても、相手は紋切り型の説明をしてくるだけで、本当の意味での話し合いにならないので、これは無駄だと考えるようになった。それからは、自宅のインターフォンを押したのが彼らだと分かると、すぐに丁重にお断りすることにしている。どうも、宗教学の研究対象にもなりそうにないのだ。

一方、日本人の多くが共有している緩い信仰は、そもそも信仰として意識されたり、自覚されたりすることがないものだ。ぼくらは観光地に出かけていくと、そこにある有名な神社仏閣に寄って参拝することがあるけれど、それをことさら信仰にもとづく行為とは考えない。入場料ではなくて、拝観料を支払い、拝殿や本殿の前では、作法に則って神や仏に祈願しているにもかかわらず、自分が宗教行為をしているなどとは考えもしないのだ。

でも、外から見たら、たとえば日本に滞在する外国人の目から見たら、これは立派な宗教行為だ。そこにははっきりとした自覚はなく、教義との結びつきも希薄だけれど、ぼくらは間違いなく、本物の宗教施設で、しっかりと宗教行為を実践しているのである。

この点は、ぼくらの宗教観を考える上でとても重要な問題になってくることだけれど、とりあえずここでは、堅い信仰のことに話を絞ることにしたい。

堅い信仰をもつ人たちは、自分が明確な信仰をもっていることを自覚し、宗教行為を実践することに決定的な価値を見いだしている。そして、多くの人たちは、自らが信仰を獲得した瞬間というものを意識している。

その点では、堅い信仰をもつ人たちと緩い信仰しかもたない人たちとのあいだには、壁がそびえていることになる。堅い信仰をもつということは、その壁を乗り越えるということを意味する。彼らは壁を乗り越えて、向こう側の世界に行ってしまったのだ。

このことについては、ぼくの場合、ひと事として語るわけにはいかない。I章でふれたように、ぼくがヤマギシ会に入ったときには、ヤマギシ会と一般の社会とを隔てる壁を乗り越えるという体験をしているからだ。

そうした体験のことを、宗教学の世界では、「イニシエーション」と呼んでいる。

そもそもぼくが宗教学という学問に興味をもったのは、このイニシエーションという考え方を知ったからで、今でもぼくはその影響を色濃く受けている。

一時は、イニシエーションという概念にばかり頼っていることに不満を抱くようになり、そこから遠ざかろうとしたこともあったけれど、結局そこに舞い戻ってしまっている。

なんだか、バカの一つ覚えのような気もするのだけれど、それだけイニシエーションというとらえ方は、宗教現象を理解する上で、決定的な重要性をもっているし、ぼくらが人生を送っていく上でも、相当に有効なものなのだ。

イニシエーションは、「通過儀礼」と訳されることがある。成人式や結婚式、あるいは葬式といった通過儀礼においては、対象となる人間は、それを経ることで、地位や身分、状態を大きく変えていく。

成人式を経れば大人として認められるようになるし、結婚式を経たカップルは、一つの社会的な単位として扱われる。葬式を経れば、生者は死者となり、たんに生命を失っただけではなく、日本では祖先崇拝の観念があるため、残された生者の信仰の対象となったりもする。

その点では、イニシエーションを通過儀礼と同じ意味をもつものとして考えることは決して間違ってはいない。けれども、通過儀礼には、それを経験する人間を一つの枠にはめていくイメージがあるのに対して、イニシエーションの場合には、枠から解き放ち、まったく予想外の変化をもたらすイメージがあるように思える。だからぼくは、通過儀礼という訳語を使わず、イニシエーションという原語のまま説明することが多い。

ぼくは、大学の宗教学の授業で、このことばを知るまで、まったくイニシエーションについては知らなかった。先生が黒板に、initiationという単語を書いたとき、それが何を意味するかまったく理解できなかった。しかも、先生は、この考え方にもとづいて半年の授業を進めていくと宣言した。なぜそれほど重要なことばを自分は知らないのだろうか。ぼくはそのことに衝撃を受けた。だからこそ、イニシエーションということに強い興味をもち、引いては宗教学という学問を学ぼうと考えたのだ。

それは、ぼくだけのことではなくて、その日、同じ授業を聴講していた他の学生にも共通に言えることだった。何十人かいた学生のなかで、果たしてイニシエーションということばの意味を予め知っていた者はいたのだろうか。その授業を履修した学生のなかから、ぼくと同じように、宗教学科に進学した人間が何人もあらわれたけれど、皆、それまではイニシエーションということばに出会っていなかった。

その後、オウム真理教のことが社会的な問題になっていたころ、教祖が実践する秘儀には、このイニシエーションという名称が使われていた。それで、世間一般に認知されるようになったところがあるけれど、本来、イニシエーションというとらえ方には秘儀に限定されない、より大きな可能性がある。

イニシエーションを経て、壁を乗り越えることになれば、その人間は、大きな変化を経験する。その壁が、堅い信仰をもつ者と緩い信仰しかもたない者とのあいだにあるものなら、壁を乗り越えるという行為は、「入信」を意味する。入信することによって、その人間の考え方は大きく変わる。それまで信じていなかったことを信じるようになることで、その内面が大きく変わるのだ。

●映画に欠かせないもの

では、イニシエーションということは具体的にどういうものなのだろうか。

宗教学の授業でも、基本的なテキストとしてエリアーデの『生と再生』という本が使われていて、ぼくもそれを読んだ。そこには、世界のさまざまな宗教のなかで、どのような形でイニシエーションの儀礼が行われているかが説明されていた。

その点では、こうした本を読んで、イニシエーションについて学ぶということも大切なことだけれど、イニシエーションを経ることによって人間がどのように変化していくか、その具体的なイメージをつかむには、映画の方がはるかに役に立つ。

ぼくが大学で教えていたとき、一般教養の「宗教学」という授業を担当していた。普通なら、そうした授業では、宗教学の基本的な考え方やその歴史を説明し、その上で具体的な宗教現象をどのように理解していくかを述べていくことになる。けれども、ぼくは、そうしたありきたりの方法に満足できなくて、映画を使ってイニシエーションについて考えさせる授業をやってみた。

一年間続く授業なので、時間的な余裕もあり、取り上げる映画は最初から最後まで見せることが多かった。しかも、宗教を直接にテーマとした映画を使うのではなく、それこそ、一見すると宗教とはまったく縁もゆかりもないような普通の映画を使っていた。

そうした授業は何年か続けたけれど、必ず取り上げる映画があった。ぼくはそれを勝手に「三大映画」と呼んでいたけれど、それが、『ローマの休日』、『スタンド・バイ・ミー』、それに『桜の園』だった。

『ローマの休日』は、オードリー・ヘプバーンの実質的なデビュー作で、彼女の代表作だ。『スタンド・バイ・ミー』は、若くして亡くなったリバー・フェニックスが出演している青春映画の傑作だ。『桜の園』は、最近リメイクされたけれど、チェーホフの「桜の園」を上演しようとする高校の演劇部の生徒たちの姿を描いた日本映画である。

●『ローマの休日』を分析する

この三つの映画を見たことがある人なら、それぞれの作品が、宗教ということとはまったく関係がないということが分かるだろう。そこには、教祖も出てこなければ、信仰者も出てこない。

けれども、この三つの映画は、はっきりとした形でイニシエーションの構造を示している。実は、『桜の園』を監督した中原俊は、東大の宗教学科の出身で、ぼくの先輩にあたる。この映画を見ると、彼がいかに、イニシエーションという考え方から影響を受けていたかが分かる。

この三つのうち、どの映画で説明してもいいのだけれど、やはり一番多くの人が見ているのは『ローマの休日』だろう。この映画は、ちょうどぼくが生まれた年にアメリカで制作された。テレビなどでくり返し上映されることがあるけれど、50年を超えてもまったく古びない。しかも、イニシエーションということを徹底的に意識して制作された作品で、細かなところまで実によく出来ているのだ。

簡単に筋を説明すれば、それは王室の窮屈な生活に不満をもった王女さまが、滞在先のローマで、宮殿を抜け出し、ローマの街に出て、偶然出会ったアメリカ人の新聞記者に恋をするなど、まる一日自由な時間を過ごしたものの、自分の国の国民が失踪に不安を感じていることを知って、宮殿に戻っていくという物語だ。

重要なのは、その失踪劇を通して、王女が精神的な成長を遂げたことが、明確な形で描かれている点にある。それによって、『ローマの休日』は、典型的なイニシエーションの物語になっている。

この映画を一度でも見たことがある人なら、ヘプバーンが演じるアン王女が、ローマの街のなかにある美容室にふらっと入り、そこで、長かった髪を切ってもらう場面を覚えているに違いない。

美容師のマリオは、髪を切ることをためらうけれど、王女は、ショートにしてしまう。髪を切った後の王女の、あの笑顔。ヘプバーンが、とてつもなく輝いていた瞬間だ。あれほど美しい笑顔は、見たことがない。

髪の毛は女の命などと言われるけれど、髪を切るという行為自体、違う自分に生まれ変わることを意味する。僧侶になるときに坊主になるのも、世俗の世界と決別したことをはっきりとした形で示すためだ。映画のなかで切られた髪の毛は、もしかしたらヘプバーン自身のものかもしれない。それは、王女が王室の窮屈な暮らしから解き放たれたことを意味するだけではなく、ヘプバーンの女優としての輝かしい未来を約束する決定的な瞬間だったかもしれない。

けれども、髪の毛を切っただけで、完全にそれまでとは違う自分に生まれ変われるわけではない。イニシエーションにおいては、「試練」という壁を乗り越えることが必要だ。美容室を出た時点でのアン王女は、まだこの試練に直面していない。

では、彼女にとっての試練とは何だったのだろうか。それを知るためには、宮殿を抜け出す前の彼女がどういった状態にあったかを確認しなければならない。

ローマを訪れたアン王女は、夜、彼女に仕える伯爵夫人の指示に従い、翌日の訪問先を確認するとともに、それぞれの訪問先でどう挨拶するかを予習していく。

一つ重要なのは、そのときのアン王女が、ベッドのなかでミルクを飲んでいることだ。実は、このミルクは最後にも登場するけれど、彼女がまだ試練を乗り越える前の子どもだということを暗示している。

もう一つ重要なポイントがある。それは、伯爵夫人が使う「スケジュール」ということばだ。彼女はここで、スケジュールはセジュールとも言うと、わざわざ言い直している。これだけで、このスケジュールということばに注目する人はいないかもしれないが、実は、映画のなかで、このことばは後二回登場し、それはアン王女の精神状態を表現するキーワードの役割を果たす。

この段階では、アン王女にとって、スケジュールは、自分を縛る一番嫌なものだ。そのため、伯爵夫人がスケジュールを確認している途中で、突然「やめて」と叫び出し、手のつけられない状態になってしまう。

この出来事があったため、アン王女は、宮殿を抜け出してしまう。ところが、医師に精神を安定させる薬を注射されていたため、トレビの泉のところで眠ってしまい、そこでアメリカ人の新聞記者、ブラッドリーと出会う。

ブラッドリーは、王女を自分のアパートに連れていき、そこで寝かせる。そして、翌日には、彼女が失踪した王女であることに気づき、彼女の単独インタビューをとって、スクープしようとする。

翌日、アン王女は、ローマの街を歩き回る。その最初に、髪の毛を切るわけだけれど、すっかり気分が変わった王女は、これまでしたことがないであろう自由な街歩きをエンジョイする。

ブラッドリーは、カフェに同僚のカメラマンを呼びつけ、彼女の写真を隠し撮りさせる。実は、このシーンで、ふたたびスケジュールということばが登場する。カメラマンのアービングが、「今日のスケジュールは」と彼女に尋ねると、王女は強い拒否反応を示すのだ。

もう一つカフェで重要なのは、王女がタバコを吸うシーンだ。もちろんはじめてのことで、彼女はうまくタバコが吸えない。

最近では禁煙運動が広がって、映画のなかでもタバコを吸うシーンは激減したけれど、映画のなかの約束事として、タバコは大人の象徴の役割を果たしてきた。大人になることに憧れながら、まだ精神的に幼い若者は、タバコを吸おうとするものの、アン王女のようにうまく吸えなかったり、むせてしまったりする。それは、彼らがまだ未熟だということを印象づける演出になっている。

その後、王女はブラッドリーとアービングとともに、ローマの休日を楽しむ。その光景はアービングによってしっかりと隠し撮りされる。そして、夜には、美容師のマリオに誘われていた船上パーティーに出かけるのだけれど、そこには、彼女の故国から、連れ戻すために諜報機関の人間が来ていて、大立ち回りが演じられることになる。

アン王女は、ブラッドリーとともに海に飛び込んで、追っ手から逃れる。水から上がったとき、二人ははじめてキスを交わす。二人のあいだには、恋心が芽生えていた。

しかし、彼女が失踪中の王女だという事実には変わりがない。服を乾かすためにブラッドリーのアパートに戻ると、ラジオからは、王女の失踪によって国民のあいだに動揺が広がっているというニュースが流れてくる。

途中でスイッチを切った彼女は、ブラッドリーに自分は戻らなければならないと告げる。そのときの彼女は、王女としての責任を果たさなければならないという決意をみなぎらせている。

宮殿に戻った彼女は、一日前とは大きく変わっていた。どこにいたのかという側近の質問には直接答えず、「祖国と王家に対して義務があればこそ戻ってきました」と言い切る。そして、自分からスケジュールということばを持ち出し、翌日の予定を確認する。しかも、伯爵夫人が持ってきたミルクを拒否する。この二つの出来事は、アン王女が、王女としての責任を明確に自覚し、大きく成長したことを示していた。

翌日、宮殿では、前日に予定されていた記者会見が開かれる。その場にあらわれたアン王女には、もう前の日までの幼さはない。どこからどう見ても、長い伝統をもつ王室の王女にほかならない。

その場には、ブラッドリーとアービングも、報道陣の一人として来ていたが、アービングは撮った写真をすべて王女に返してしまう。ブラッドリーには、スクープの意思がすっかりなくなっていたからだ。

アン王女にとって、たった一日ではあったけれど、ローマでの休日は、それまで経験したことのない喜びを与えた。何よりも、アービングが撮った写真にそのことが示されていた。

しかし、彼女が王女であることは動かし難い事実で、いくらブラッドリーに恋をしようと、戻らないわけにはいかなかった。それも、国民のあいだに動揺が広がらないうちに、戻っていかなければならなかった。

　その決断が、彼女を大きく変えた。彼女は、王女としての自分というアイデンティティーをはじめてそのとき受け入れたのだ。受け入れることで成長し、威厳をもつ立派な王女へと変化していった。

●主人公が変貌する

イニシエーションにおいて重要なのは、試練を克服するまでの期間が限定されていることにある。期間が限定されることで、そこには切迫感が生まれる。その切迫感が緊張感を高め、壁をより高いものにする。その壁を乗り越えなければ、大人へと成長することはできないのだ。

　意外に思うかもしれないけれど、『ローマの休日』はたった一日の物語だ。その点にも重要な意味がある。早く帰らなければ大変なことになるということが、切迫感を生み、壁をより高いものにしているのだ。

『ローマの休日』は、映画のジャンルとしてはラブ・ロマンスに相当する。そうした映画では、主人公が恋愛をする上で直面する障害が、壁として登場し、壁を乗り越えることを求めてくる。

あるいは、アクション映画なら、必ず敵が登場し、凶悪で強力な敵を打ち負かすことが壁となり、試練となる。その点で、見て面白いラブ・ロマンスやアクション映画は、必ずイニシエーションの構造をとっている。

イニシエーションの重要な点は、それを乗り越えることによって、主人公が大きな変貌を遂げ、大人へと成長する姿を示すところにある。いかに切実で過酷な試練を設定できるか、そこに映画の制作者の手腕がかかっている。

今、ここで分析したやり方は、『スタント・バイ・ミー』を分析する際にも、あるいは『桜の園』を分析する際にも大いに役立つはずだ。たとえば、どちらの映画でも、タバコが狂言回しとしてとても重要な役割を果たしている。『桜の園』では、タバコを見つけた生徒たちはなかなかそのタバコに火をつけ、吸うことができない。それは彼女たちがまだ大人になれないことを示しているのだ。

こうした三大映画以外についても、イニシエーションからの分析は有効だ。そうした観点から映画を見ることで、より深い意味が分かってきて、映画はいっそう楽しいものになってくる。

さらに、映画では、成功したイニシエーションとともに、失敗したイニシエーションが取り上げられることが多い。それによってイニシエーションを果たすにはどうしたらいいのか、そのヒントを与えてくれる仕掛けになっている。

残念なのは、最近、こうしたイニシエーションの観点を踏まえた上で制作される映画が少なくなってきたことだ。そのために、筋が明確ではなくなり、見終わった後の壮快感が得にくくなっている。

面白い映画を作ろうとするなら、制作者はしっかりとイニシエーションの構造を踏まえた映画作りをすべきだ。ところが、最近の映画には、そうした姿勢が欠けている。あるいはそれが、映画産業、とくにハリウッド映画の衰退に結びついているところがあるのではないか。そんな気もする。

話を信仰というところに戻せば、信仰を獲得するということは、イニシエーションを果たすということであり、試練や壁を乗り越えるということを意味する。それによって、本人は大きな変化を遂げる。アン王女のように、根本的な変化を遂げ、大きく成長する可能性も存在している。

ただ、ここで難しいのは、イニシエーションを経ることが堅い信仰の獲得に結びつく場合だ。「カルト」と呼ばれるような閉鎖的で排他的な集団では、信者を獲得するために、意図的に壁を設定し、それを乗り越えさせるよう追い込んでいくことで、メンバーとして取り込もうとする。

その際のイニシエーションと、個人の成長を伴ったイニシエーションとは、どこが違うのか。また、どこまでが共通するのか。その区別をすることは意外なほど難しい。

そこには、信仰の価値をどこに見いだすのかという、宗教をめぐるもっとも難しい問題が横たわっている。その点については、違った角度から考えていかなければならないだろう。

Ⅲ章

奇跡

宗教をより易しくとらえる手だて

「奇跡」に別の光を当てる

●「列聖」という制度

正直なところ、宗教学の立場からすれば、奇跡というテーマはひどく扱いにくいものだ。宗教の世界には、奇跡と言われるような現象が、それこそ満ち溢れている。たとえば、キリスト教の新約聖書の冒頭におかれた4つの福音書に目を通してみれば、そこにはイエス・キリストが行った奇跡の数々がつづられている。

イエスは、嵐を鎮め、水の上を歩き、病気を治し、死者を蘇らせ、悪霊を追い出したとされている。病気を治すということなら、あり得ない話ではない。最近では、こころとからだが密接なつながりをもっているとする心身医学が発達を見せている。そうした角度から見ていくならば、イエスが病に苦しむ者を救ったとしても、合理的、科学的な説明を施すことができる。

だが、水の上を歩いただとか、死者を蘇らせたなどという話になれば、科学では説明がつかない。さらに、イエス自身、十字架に架けられて殺され、墓に埋葬されて後、3日後に復活したとされている。

常識からすれば、そんなことが起こるはずがない。医学が発達していない時代には、死の判定が難しく、まだ亡くなっていない人間を死んだと判定し、葬式の途中や埋葬された段階で生き返ったという例もあった。けれども、イエスの場合には、病気で亡くなったのではなく、刺し殺されたのであり、それでは到底生き返らない。しかも、復活した際には、死体も消えていた。

私が学生だった頃に教えを受けた聖書学の先生に荒井献氏がいた。荒井氏は、岩波新書の一冊として『イエスとその時代』という本を書いている。聖書学の立場からイエスの生涯を追ったこの本は、イエスが殺されたところで記述が終わっている。死後の復活についてはまったくふれられていない。

荒井氏は、学者であると同時にキリスト教の信仰をもつ信仰者だ。その信仰の核には、イエスの死と復活があるはずだ。ぼくは、発売直後にこの本を読んだけれど、合理的に説明できない復活という出来事が完全にはぶかれてしまっていることに驚いた。

聖書学の世界ですらそうなのだから、まして、信仰とは距離をおいた宗教学では、復活を歴史上の事実として前提にすることはできない。「キリスト教には、復活の信仰がある」とか、「イエス・キリストは、死後に復活したと信じられている」としか言うことができないのだ。

キリスト教における奇跡のなかで、さらに厄介なのが、聖人をめぐる信仰だ。

キリスト教は一神教であるとはされているものの、聖母マリアがしだいに重要視されたり、殉教して亡くなった使徒たちが聖人として崇められるようになり、人々を守護する役割を果たすようになることで、多分に多神教的な性格をもつようになっていった。

キリスト教の聖人と日本の八百万の神とを比較してみれば、共通しているところが少なくない。日本の神のなかにも、天神さんのように元は人間だったものだってある。

聖人崇拝は、キリスト教のなかでも、カトリックや東方教会で盛んになったものだけれど、カトリックでは、誰を聖人として認めるか、はっきりとした制度が確立されている。それが、「列聖」と呼ばれる制度だ。

列聖されるには条件があって、キリスト教の教えを守って殉教したのなら、それだけで条件は満たされる。ところが、殉教していないと、死後に二つの奇跡を起こすとか、死体がいつまでも腐敗しないといった条件をクリアーしないといけない。しかも、列聖するまでには死後１００年くらいの時間が必要になる。

問題は奇跡の内容だ。信者の一人が、列聖される人物に祈ったら、不治の病が治ったとか申告すれば、それが認められたりする。最近、聖人の下のクラスの「福者」に列福されたマザー・テレサの場合がそうだった。

奇跡を認定する際に、医師がその場に立ち会い、診断を下すようなこともある。死後腐敗しないなどということが果たしてあり得るのだろうか。信仰をもたないぼくなどは、どうしてもそう考えてしまうけれど、カトリックの世界では、大まじめに考えられている。

医師が認定した奇跡ということになると、宗教と科学との関係をどうとらえていいか、ひどく難しくなってくる。簡単に、奇跡など非科学的だとは言えなくなってくる。

●宗教の「機能」の側面を重視する

実は、ぼく自身が奇跡を目撃したことがある。

それは、もう今から15年ほど前のことだけれど、テレビ局の取材でその頃ブームになっていたインドの聖者、サイババのところを訪れたのだ。

テレビの取材だから、本当はサイババに直接会って、何もない空中から、貴金属だとか時計だとかを出してもらう場面をぜひとも映像におさめたかった。

ところが、その取材の直前に、別の日本のテレビ局のレポーターがサイババに会っている場面を隠し撮りしたことで、日本のテレビ局の取材はいっさい受けないということになってしまい、ぼくたちは、直接サイババには会えなかった。

それでも、毎日定期的に開かれている集会に出て、遠くからサイババの姿を見ることはできた。ここでも残念ながら、近くで見ることはできなかったのだけれど、サイババが、最前列に並んだ信奉者に、掌から「ビブーティー」と呼ばれる灰を出しているところは、遠目に見ることができた。

このサイババのパフォーマンスについては、手品だという主張があり、その証拠写真がメディアに掲載されたこともあった。いくら彼が聖者だとは言え、空中から時計などを出すことなどできるはずはない。そんな奇跡を信じるなど馬鹿げている。そう思う人もいるだろう。

ただ、サイババのいるプッタパルティという街を訪れてみると、街のなかには、サイババの財団が運営する病院や大学などの教育機関が設けられていた。聞いたところでは、そうしたところはすべて無料で、貧しいがゆえに医療や教育の機会を奪われた人たちに提供されているという。

ぼくはその話を聞いて、まだ十分整備が行き届いていないインドの社会福祉の現状を考えれば、サイババは、手品と思われる奇跡を用いて、先進国の金持ちの信仰を集め、彼らが寄進してくれた金を、インドの貧しい人たちに還元する慈善活動家であるように思えてきた。だったら、たとえ手品だとしても、それに目くじらを立てる必要はないのではないか。社会的な機能を考えれば、サイババのパフォーマンスは正当化されるのではないか。ぼくはそんなふうに考えた。

このように、宗教の社会的な機能について考えるのが、宗教社会学という学問だ。宗教学には、いくつかの流れがあって、宗教社会学もその一つの流れを形作っている。ほかに、宗教哲学、宗教心理学、宗教人類学、宗教現象学といった流れがあって、それぞれ方法や対象を異にしている。宗教を研究するといっても、宗教という現象は多様なので、アプローチの仕方も自ずと多様なものになってくるのだ。

ぼくの場合、そのなかでも宗教社会学の影響を一番受けている。というのも、ぼくの宗教学の先生の柳川啓一という人は、宗教社会学を専門にしていて、機能主義の一番の親玉だったハーバード大学のタルコット・パーソンズのもとに留学した経験をもっていたからだ。

柳川先生は、機能主義についてその理論を紹介する論文も書いている。けれども、アメリカ留学から帰国してからは、機能主義の限界に気づいたとして、それを捨ててしまった。そして、実地調査にもとづく祭の研究をするようになっていく。

ただ、これはぼくも論文に書いたことがあるのだけれど、その後の柳川先生の研究は、完全に機能主義から離れてしまったわけではないように思える。社会のなかの宗教について見ていくと、どうしたって宗教がどういう役割を果たしているのかということに目が行く。ぼくも、この柳川先生のもとで学んだので、宗教を機能として考える傾向は受け継いでいる。ぼくの新宗教についての研究などは、まさに宗教社会学の方法にもとづくもので、その社会的な機能を問題にしている点で、明らかに機能主義の影響を受けている。

奇跡という現象も、その社会的な機能ということを問題にすれば、十分に宗教学の対象として扱うことはできる。サイババを慈善家としてとらえる視点も、そうしたところから生まれてくる。

あるいは、最初にふれたイエス・キリストの復活信仰も、キリスト教という宗教を民族宗教としてのユダヤ教から区別するために、そうした特異な信仰を確立する必要があったと解釈し、信仰の機能の面から考えることもできる。

聖人も、父なる神やイエスが、世俗の世界からはるかに隔たった超越的な存在となり、一般の人々とのかかわりを失ったことで、それを補うために、その信仰が生まれたという解釈をとることもできる。

けれども、そうした機能の面からの宗教社会学的な解釈は、どこか奇跡という難しい現象を真正面から研究することから逃げてしまっているようにも思える。けっきょくそれは、還元主義であり、宗教という現象をそれ以外の現象によって説明しようとしているに過ぎないとも言えるのだ。

●信仰者の内面に添う宗教現象学

近代化ということがはじまって、人文科学や社会科学が発達するようになるなかで、宗教学という学問も成立した。宗教学のはじまりは19世紀後半のことと言われ、日本でも、西欧の影響で、19世紀の終わりから20世紀のはじめにかけて宗教学が成立することになる。

その時代は、科学ということが強調され、宗教学も最初は、“Science of Religion”と呼ばれていた。「宗教の科学」ということだ。科学という言い方には、自然科学との密接な関連があり、宗教という非合理的な現象についても、自然科学のように、客観的に、実証的に研究を進める必要があると考えられたのだ。

その際には、宗教のなかでも、とくに呪術的な信仰などは、迷信や未開民族の風習であり、過去の遺物であるとして、下等な信仰の産物としてとらえられた。遅れた信仰であるのだから、遠からず科学の前に屈し、消滅していくであろうとも予測された。

そう考えてしまえば、奇跡をめぐって悩む必要もないのだけれど、だんだんと宗教を科学的に研究することの意味が問われるようになっていくと、過去の遺物、あるいは下等な信仰として切り捨てるわけにはいかなくなってきた。

すでにルーマニア生まれの宗教学者、ミルチア・エリアーデのことについてはふれてきたけれど、このエリアーデが新たに打ち立てたのが、宗教現象学だった。

現象学というのは、哲学のなかの一つの方法論で、ぼくが大学で勉強していた時代には、いろいろな分野で流行していた。

エリアーデは、宗教現象を理解する際に、それを社会現象や人間の心理、あるいは民族の慣習などに還元してとらえることでは、その本質を把握することはできないと、従来の宗教学を批判し、宗教はあくまで宗教そのものとして理解していかなければならないと主張した。これが、宗教現象学の基本的な立場だ。

宗教現象学の立場から奇跡という現象を扱おうとするときには、果たしてそれが本当に起こったことなのかどうかを問題にはしない。それが、科学的にあり得ることなのかどうかも問わない。そうしたことは、みんな括弧に入れて、真偽や価値についての評価は行わず、信仰している人間が主張していることをそのまま記述していく。キリスト教の信者が、イエス・キリストが死後3日目に復活したと信じているのなら、それを前提として、その信仰世界がどういった内容をもっているのかを明らかにしていくのである。

それは、信仰者の内面の世界を、あるいはその実践を、信仰者の主観的な意識に添って、描き出していくことを意味する。その方法をとれば、信仰が正しいのか、それとも間違っているのか、あるいは、科学的なのか、非科学的なのかを評価していく必要がない。それによって、自然科学の角度からは否定的にしか思えない現象でも、その価値を認めることができるのだ。

何かある出来事が起こったとき、それを奇跡として認識する人がいたとしたら、その人たちにとっては、それは奇跡であり、それ以外の何ものでもない。その奇跡が起こった過程が科学的に証明できないものであっても、奇跡と信じる人たちには格別問題にならない。奇跡として受けとることで、彼らはより信仰を深めていく。あるいは奇跡を経験することで、新たに信仰を獲得することもある。

宗教現象学の方法は、信仰の価値を否定したりしないので、信仰者もそれを受け入れることができる。エリアーデ自身、キリスト教の信仰をもっていたし、キリスト教以前の民族宗教と融合し、宇宙論的な展開を見せたキリスト教を、「宇宙論的キリスト教」として高く評価した。

その点では、エリアーデの試みは、世俗化が進み、科学性や実証性を強調する学問が力をもつなかで、いかにして宗教の価値、信仰の価値を失わないようにするのかという課題に対する、一つの回答だったことになる。

こうしたエリアーデの方法論は、高く評価され、アメリカなどでは、宗教学者の半分がこのエリアーデ宗教学の立場に立っているとも言われる。たしかに、エリアーデは、近代社会のなかで、宗教の価値を否定することなく、それを学問的に研究していく道を開いたのだ。

エリアーデの宗教学の集大成となったのが、『世界宗教史』という書物だ。残念なことに、エリアーデ自身は、世界の宗教の歴史をすべて記述し終えたわけではなく、老齢のため、それを途中で断念してしまった。したがって、エリアーデが執筆した『世界宗教史』では、大乗仏教の歴史をはじめ、ふれられなかった宗教が少なくない。日本の宗教についても、それにふれた部分はない。その後、エリアーデの弟子たちが集まって、補足の作業を行っているが、その観点はどうしてもエリアーデ自身とは異なっている。

実はぼくは、この『世界宗教史』を翻訳する作業に参加している。翻訳を出版するために7年の歳月がかかってしまったほど、大変な作業だったけれど、今でもこの本は読み継がれ、世界宗教史のスタンダードになっている。一人の学者が、世界の宗教の歴史を古代から現代まで描き出そうというのは、空前絶後の試みで、この本がエリアーデ宗教学の金字塔であることは間違いない。

●宗教を難しく考えない——という一つの方法

ただ、宗教社会学的な発想の影響を強く受けたぼくからすると、ときにエリアーデの考察がもの足りなく思えることがある。それは、信仰者が行う自分の信仰についての説明と、どこが違うのか。なぜそうした信仰が生まれ、それが支持されてきたのかという問題はどうなるのか。還元ということを戒めるあまり、信仰の背後にあるものに迫っていくことが少ないのではないか。ぼくにはどうしてもそう思えてしまうのだ。

宗教現象学の試みは、還元主義に対抗するために、あるいは宗教固有の性格や本質ということを必要以上に強調しているのではないか。ぼくが感じる疑問は、そのように言い換えることもできる。

だとすれば、宗教をことさら意識せず、それを特殊な領域として考えない方向性も、もしかしたら考えられるのではないか。今は宗教としてとらえられている現象を、もっと当たり前の事柄として見ていくこともできるのではないか。そんな気もするのだ。

ここでは、奇跡ということについて考えているわけだけれど、果たしてこれまであげてきた事柄だけが奇跡なのだろうか。たしかに、病気を治すとか、水の上を歩くとか、何もないところから物質を出すといったことは、それが真実であるならば、奇跡と言う他はない。

けれども、ぼくらは、そうした真偽が分からないような事柄だけではなく、もっと別の事柄についても奇跡ということばを使って表現することがあるのではないだろうか。

たとえば、大地震が起こったとき、地震が起きてから何日も経って、あるいは何週間も経って、瓦礫の下から生存者が発見されることがある。普通なら、助からないはずなのに、たまたまそこに水があったとか、体を入れる空間が確保されていたとか、生存するための好条件が揃い、それで救助に当たる人たちがもう生存者はいないと考える日数が経っても、命を助けられる人が出たりする。ぼくらが、そうした出来事に接したとき、どうしても奇跡ということばを使いたくなる。奇跡としてとらえなければ、それに納得できないのだ。

そこまでドラマチックでなかったとしても、恋愛をしているときなども、奇跡ということばを使いたくなってくる。

この世界には、あるいはこの日本には、膨大な数の人間が生活していて、一人の人間が生涯に出会える人の数は限られている。

そのなかで、自分のこころをとらえ、すべてを賭けてもいいと思えるような相手と出会ったとき、やはりぼくらはその二人の出会いや関係をさして、奇跡ということばを使う。

もちろん、相性のいい相手と出会うのは、似たような境遇に育ってきた者同士で、学歴や家庭環境が近い場合が多い。

しかし、恋愛のなかには、必ずしも境遇や条件が同じではなく、一瞬何かの偶然で出会ったことで、恋愛に陥っていくようなこともある。お互いの人生のリズムが合致するのは、ほんの短い間で、そのとき、そこで出会えなければ、生涯近しい関係になっていく可能性がないという場合だってある。愛する者同士は、それを奇跡として表現し、それによって自分たちの幸福の価値を認識していくのだ。

そのように考えていくならば、ぼくらの人生というものは、奇跡のかたまりでもある。そもそも、ぼくが今ここに、こうした形で生を受け、何らかの活動を展開し、さまざまな人とかかわり、社会と関係を結んでいること自体が、無数の偶然の集積によるもので、やはり奇跡という見方をしなければ、最終的にその根拠を説明できないように思う。

それは、ぼくらの人生だけではない。人間という生き物が誕生したことも、地球という惑星が生み出されたことも、さらに遡って、この大宇宙が出現したことも、いくら科学的な説明を行っても、あるいは逆にそれを行えば行うほど、奇跡としか思えなくなってくる。

あらゆるところ、あらゆる場面に奇跡を感じたとき、ぼくらはその背後に何か特別な力が働いていることを実感する。そして、人間は、古代からその力を神と呼んできたことに思い至る。

奇跡がそうであるように、神も決して特別な存在ではない。それは、信じるか信じないかが問題になるようなものではなく、世界のあり方そのもののなかに組み込まれている。

神は信じるものではなく、感じるものかもしれない。奇跡を当たり前のこととして考えたとき、ぼくらは、宗教の世界をそれまでとは違った形で理解するようになっていく。

宗教という現象は、それを難しく考えれば、いくらでも難しいものになってくる。実際、神学や宗学はもちろんのこと、宗教哲学の領域で宗教について考えていくと、その際には、難解な概念が用いられる。

それは、宗教哲学だけではなく、宗教現象学でも、宗教社会学でも、宗教学のアプローチにおいては、必ずや起こってくる問題なのだ。読み解くということは、本来なら、物事をより簡単にしていくことのはずなのに、アカデミズムの世界では、読み解いていく作業が進めば進むほど、物事が難しくなり、ぼくらが現実に生きている世界からどんどんと遠ざかっていく傾向がある。

そんなにぼくらは宗教を難しく考える必要はないのではないか。ぼくには、ずっとそうした思いがある。いかに宗教を読み解いていくのかということは、ぼくらと宗教とのあいだにある距離をできるだけ縮めていくことなのではないか。それが、ぼくの方法であり、方向性なのではないかと思うのだ。

Ⅳ章

戒律、儀礼、儀式

「目的」を達成するための入り口

つねにある参加者と部外者とのずれ

●「戒」と「律」

戒律や儀礼、儀式というものは、どの宗教にも見られる普遍的な現象だ。こうしたものは、形が決まっていて、一定の手順や作法に従って実践される。形が決まっているからこそ、権威があるもののように見えるのだけれど、一方では、形式的だという批判がつねにつきまとう。そこに、戒律や儀礼、儀式をどう評価するか、その難しさがある。

戒律の代表的なものが、旧約聖書でモーセに対して神が下した10の戒律、「十戒」だ。この戒律を下されたことで、人間と神とのあいだに契約が成立したと見なされた。人間が戒律を守っているかぎり、神は守護してくれる。けれども、人間の側が戒律を放棄してしまえば、そのとき神は、罰を下すことになる。

これは、今からもう50年以上前に作られた映画だけれど、セシル・B・デミル監督の作品に『十戒』というものがあった。旧約聖書の「出エジプト記」の物語をもとに、モーセの苦難に満ちた生涯をたどった作品で、神から十戒を授かる場面がクライマックスになっている。ものすごいのが、紅海が真っ二つに割れる最後の場面で、コンピュータ・グラフィック（CG）のまだない時代の特殊撮影の傑作と言われている。

十戒の中身は、殺人や盗み、姦淫を禁じたり、両親を敬えといった道徳的なものだけれど、一番特徴的なのは、神が自分以外を神とするなと警告する箇所だ。さらには、偶像を作って拝むことも厳禁している。いかにも、「一神教」にふさわしい内容になっている。

仏教にも、「五戒」という戒律がある。五戒には、もちろん、神をどう崇拝するかといったことは出てこないし、仏についても言及されていない。ただ、殺人や盗み、邪淫を戒めているところでは、十戒と共通している。絶対にしてはならないことは、民族や文化を超えて共通しているということだ。

仏教の戒律は、実は、「戒」と「律」の二つに分けられる。戒の方は、仏教の信仰をもった者が自発的に守る内面的な道徳規範である。それに対して、律の方は、出家した僧侶が集まってできた「サンガ（僧伽）」という教団の規則をさす。戒を破っても、それは個人の内面の問題なので罰が下されることはないけれど、律を破れば、罰が下され、場合によってはサンガから追放される。

戒律を授けるための場所が「戒壇」だ。正式に僧侶になるには、戒壇で戒律を授けられなければならない。日本には最初、戒律を正式に授けられる僧侶がいなかった。そこで、有名な鑑真が、唐に渡った日本人僧侶に乞われて、海を渡ってやってくることになった。

そのときには、東大寺や太宰府の観世音寺、下野の薬師寺に戒壇が築かれた。東大寺には今でも戒壇院と呼ばれる建物がある。鑑真ゆかりの唐招提寺にも、戒壇が設けられているけれど、これはインドの古い塔を模したもので、塔が置かれたのは1980年と新しい。

戒律を授かって、正式な僧侶となった後には、その戒律にかなう生活をしなければならない。出家である以上、一般の俗人がしているような世俗にまみれた生活を送ってはならず、清浄な生活を送らなければならない。

そうした生活は、ぼくらのような俗人からすれば、ひどく窮屈なものに思えるけれど、それを極端なほど徹底しようとしたのが、曹洞宗の開祖となった道元だ。

曹洞宗は禅の一派で、座禅をし、修行に励むことが重視されるわけだけれど、道元は、日々の生活がそのまま修行だと考え、あらゆる事柄を作法に従って実践するシステムを作り上げた。食事や入浴、掃除など、すべて一定の作法が定められていて、修行僧はそれを実践する。なんと、大小便をする際にだって作法がある。

こうした生活は、ぼくたち俗人が送る生活とはまるで異なっている。道元は、こうした戒律に従った厳しい生活を送ることで、禅が目的とする悟りに到達できると考えたのだ。

では、禅僧の実際の生活はどうなっているのだろうか。

禅の修行は、外の世界から閉ざされた僧院のなかで行われる。一般の人間は、そこに立ち入ることはできない。

●禅僧の生活

けれども、たまにテレビカメラが僧院のなかに入り、禅僧たちの修行の様子を伝えてくれることがある。そうしたテレビのドキュメンタリーとしてもっとも有名なのが、NHK特集として1977年に放送された『永平寺』だ。

福井にある永平寺は曹洞宗の総本山で、道元が開いた禅の代表的な道場だ。そこでは、今でも厳しい禅の修行が行われている。この番組は、禅僧たちの生活をつぶさに伝えてくれる貴重なもので、放送された当時はかなり話題になった。番組を見ただけで、少しこころが洗われたような気になってくる。

ＮＨＫでは、過去の名番組をくり返し再放送していて、ぼくもこの番組はそれで見たけれど、現在では、「オンデマンド放送」の対象になっていて、少額を出せばインターネット上でいつでも視聴できるようになっている。

ほかにＮＨＫからは、『永平寺』というＤＶＤが出ている。これには、１９７７年の番組を撮り直したような「永平寺　修行の四季」（２００１年）と、永平寺の第78代住職をつとめた宮崎奕保《えきほ》禅師の１０４歳の時の姿を追った「永平寺　１０４歳の禅師」（２００４年）という二つの番組がおさめられている。

宮崎禅師は、２００８年に満１０６歳で亡くなられたが、番組のなかでインタビューに答える姿は、まさに生き仏だ。生涯独身を貫いた宮崎禅師は、途中、大病を患った経験もあり、その信仰の源がどこにあるのか、それを知ることができる貴重な番組になっている。

映像作家の視点からすれば、おそらく、禅寺の修行ほど興味深い題材はないだろう。一般には映像を通してしか伝えられない題材で、しかも、そこに映し出された光景は、日常には存在しないものばかりだ。

たとえば、永平寺はもちろん、どの禅寺でも、修行を志して、その門を叩いた人間は、すぐに入門を許され、修行ができるわけではない。最初に「庭詰」という入門のための儀式が待っていて、まず入門の意思を示しても、満員だからと断られる。

そこで引き下がってしまえば、どの禅寺でも受け入れてもらえない。修行を志す人間は、合掌して頭を下げたままの姿勢で、ひたすら入門の許可を求めなければならない。夕方になると一先ず、泊まっていくことは許されるが、次の日も同じように、窮屈な姿勢を崩さず、ただただ入門を乞うていかなければならない。

この庭詰をやり通し、入門を許されても、その先には、「旦過詰」というのが待っていて、今度は一日中座り続けていなければならない。それが何日も続くのだ。

こうした庭詰や旦過詰は、禅寺に入門するためのイニシエーションの儀礼だ。それは、作法として定められていて、やり通せば、入門できることが暗黙の約束にもなっている。入門する人間にはそれが分かってはいるが、それでもひどく辛い。入門の儀礼自体が修行になっている。そこに、あらゆるものを修行として考える禅寺の特徴が示されている。

この禅寺での修行をモチーフに作られた映画が、周防正行監督の『ファンシイダンス』だ。原作は、岡野玲子の同名の漫画で、ロックンローラーだった主人公は、禅宗の寺の長男に生まれ、寺の跡取りとなるために、恋人と離れて修行をしなければならなくなる。最初は、あまり真面目に修行をしていなかったけれど、途中から真剣になり、最後は禅問答を戦わせる法戦式にリーダーの首座として臨むまでに成長する。

喜劇映画なので、ユーモラスに描かれてはいるけれど、そこでくり広げられている禅僧の生活は、永平寺の修行生活が下敷きになっている。撮影は、金沢にある有名な禅宗の寺院、大乗寺で行われた。

周防監督は、社交ダンスをテーマにした『Shall we ダンス?』や、痴漢の冤罪事件をモチーフにした『それでもボクはやってない』で知られているけれど、彼の映画はイニシエーションの構造をとっていて、そのお手本のような作品になっている。

お手本だというのは、最初はダメな主人公が、稽古や修行などの機会を通して成長を遂げていく姿がきっちりと描かれているからだ。『ファンシイダンス』の次に制作された『シコふんじゃった』も、大学の弱小相撲部の物語で、最初はいやいや相撲部に入った主人公が、大会でぼろ負けし、プライドを傷つけられたことから奮起し、だんだんと実力をつけていく姿を描いた点で、イニシエーションの構造がしっかりと踏まえられている。試練に出会って、それを克服し、それで成長を遂げていくというのが、イニシエーションの特徴だ。

『それでもボクはやってない』は、ちょっと傾向が違うけれど、周防監督の作品が、見た後すごくすっきりした気分にさせてくれるのも、主人公のイニシエーションのプロセスを描くことで、『ローマの休日』と同じように、人間が成長していく姿を示してくれるからだ。

もう一つ、映像作品として禅僧の修行を扱ったものに、テレビドラマの『ピュアラブ』がある。これは、白血病の小学校教師が、骨髄移植のドナーとなった禅の修行僧と恋に落ちる物語で、いわゆる「昼メロ」だ。昼メロだからこそ、修行にいそしみつつも、恋に陥った禅僧の姿が純粋なものとして描かれている。この作品は人気が出て、シリーズは3まで続いた。

禅寺での修行などというと、ひどく古めかしいものというイメージがあるけれど、現代の社会では、かえってそれが新鮮なものとして受け取られる。

そのせいか、若い女性のあいだで、禅寺で座禅を組むことがブームになっているという。『ダーリンは外国人』で人気の漫画家、小栗左多里が、座禅を含めて、実際に修行した体験をつづった『プチ修行』（幻冬舎文庫）なんて本もある。

もちろん、プチ修行程度では、禅がめざす悟りの境地に至ることはとうてい不可能だろうけれど、日常とはまったく別の空間のなかで、俗事をいったん忘れ、座ってみるということは、日常の生活に休止符を打つ意味がある。

たとえば、ぼくたちには、イスラム教徒と言うと、1日5回の礼拝を欠かさない敬虔な人々というイメージがあるけれど、そもそも世界中にいる膨大な数のイスラム教徒が、皆、そうしているわけではない。

礼拝をするにしても、その間は、仕事を休めるわけで、仕事中の「オフ」だと考えれば、そのイメージも変わってくる。日本人は勤勉な国民だから、働くことに生きがいを見いだしているけれど、世界を考えると、そういうのは例外で、多くの人たちは、できるだけ仕事はしたくないと考えている。礼拝は、その気持ちを正当化するものだと言ったら、言いすぎだろうか。少なくとも、儀式に臨んでいる間、俗事から解放されることは間違いない。

●ある研修会の様子

儀式ということに関連して、NHKのドキュメンタリー番組のなかに、もう一度見たいと思っている作品がある。残念ながら、これはDVDにもなっていないし、オンデマンドでも見られない。おそらく、個人情報の保護ということがやかましく言われるようになった今の時代には、その再放送は不可能だろう。

それは、九州の筑紫野市にある新宗教の教団、善隣教で行われている研修会の様子を撮影したドキュメンタリーだ。これが放送されたのは、1980年代の前半のことだった。当時、善隣教は善隣会と称していた。

それぞれの教団では、独自の研修会を開いているけれど、善隣教では、研修会の2日目の正午に、「即決」という場面を用意している。その際には、研修会の参加者の前に、善隣教を率いている教主が登場し、上着を脱ぐと、シャツ一枚になって参加者の間を歩く。

すると、参加者は、必死に教主にすがろうとする。それは、「おすがり」と呼ばれている。教主にすがりさえすれば、たちどころに病が癒えるとされている。参加者にとっては、このおすがりが目当てで、だからこそ、皆、懸命に教主にすがろうとする。研修会の会場は、教主が登場しただけで騒然となり、番組では、必死の形相で教主にすがろうとする人々の姿を映し出していた。

教主は、会場内を一周すると、手をふりながら、そこから去っていくが、会場では、さらに驚くべき光景がくり広げられる。おすがりをしたことで病気が治ったという人たちが、会場の前に進み出て、その体験を口々に語り、教団の教師たちが、マイクを使ってそれを他の参加者に報告するのだ。

なかには、歩けなかったのが歩けるようになったと言って、実際に歩いて見せる参加者もいる。目が見えなかったのが見えたとか、耳が聴こえなかったのが聴こえるようになったとか、そうした報告が相次ぎ、会場はさらにヒートアップしていく。

ぼくも、教主である力久隆積氏とは面識があるが、この研修会に参加したことはない。相当に異色の研修会であることは間違いないが、NHKの番組では、バランスをとろうとしてのことだろう、そこに参加をしたものの、おすがりでは何の変化も経験できず、途中で、会場を後にする参加者の姿も追っていた。

ぼくは、1980年代のなかばに、放送教育開発センターという文部省の研究機関に勤務していて、放送大学の実験番組を作っていたことがある。そのとき、宗教学関係の科目をテレビ番組として制作したことがあるのだけれど、「信仰治療」という回で、この善隣教のドキュメンタリーを一部使った。

その際には、力久氏が、教団を立ち上げた父親の後を継いで、2代目の教主になるため、激しい修行を行ったときのドキュメンタリー映像を教団から借りることができ、あわせてそれも番組のなかで使った。力久氏は、重い煉瓦を足にくくりつけて、長い距離を歩いたり、降りかかる炎をものともせず、護摩を焚き続けるといった修行を実践した。映像には、その場面と、教主の修行を、これもまた必死の形相で見つめる信者たちの姿が映し出されていた。そうした修行を経ているからこそ、信者の信頼を勝ち得ているのであって、すがりさえすれば救われるという信仰が受け入れられるのも、そうした背景があるからだということがよく分かった。

研修の場で、おすがりをし、それで病気が治ったと申し立てた人たちが、果たして本当に治ったのかどうかということは、実ははっきりしない。研修会の参加者のなかには、くり返しその場を訪れている人たちがいる。そうしたリピーターは、研修会での盛り上がりのなかで、病気が治ったと発表することで、昂揚感を得て、それで満足しているようにも見える。研修会への参加が、自己目的化していると言ってもいいかもしれない。

儀式や儀礼というものは、一定の目的をもって行われる。信仰治療のための儀式なら、病気を治す、あるいは軽減するということが目的になる。禅寺での修行なら、悟りを開くこと、それによって禅宗の僧侶としての自覚を得ることが目的とされる。

その目的を実現するために、それぞれの儀式、儀礼は形式が定められ、もっとも効果が発揮されるよう組み立てられている。

けれども、儀式に参加したからといって、その目的が必ず果たされるという保証はない。

また、外側からは純粋で美しく見えたりする修行の場も、現実は、そのイメージとそぐわない部分があったりもする。

たとえば、30歳で出家し、永平寺で修行した野々村馨という人が書いた修行の体験記に『食う寝る座る　永平寺修行記』（新潮文庫）というものがあるけれど、先輩の禅僧たちの振る舞いは相当に暴力的だ。著者は、そうした暴力によって、自分のプライドや外面を良くしようとする意識がすべて剥ぎ落とされると、それを受け入れ、評価してさえいるけれど、道元の言動とそうした暴力とは矛盾しているようにも思える。

そうした点では、儀式、儀礼というものには、さまざまな問題が含まれている。あるいは、単純に、儀式などはただの形式であり、それに意味はないと考える人もいるだろう。

そこには、実際に儀式に参加し、そこで何らかの体験をした人間と、外側から見ているだけで、実際には参加していない人間とのあいだの意識のずれが存在している。こうしたずれは、宗教ということが問題になってくる場合、いたるところで出会う事柄だ。

●天理教の「おてふり」体験

そのずれを解消するための手立てとしては、ぼくらの側が、実際に儀式に参加する体験をしてみるということが必要になってくるかもしれない。

たとえば、新宗教の教団の儀式のなかにも、外部に対して開かれたものがある。信者であるかどうかを問わず、誰もが参加できる儀式がないわけではないのだ。

奈良県の天理市には、天理教の教会本部がある。天理教は、新宗教の草分け的な存在で、すでにその開教以来170年以上の年月を経ている。新宗教としてとらえるよりも、その前身となる「民衆宗教」としてとらえるべきだという考え方もある。

ぼくが、この天理教の教会本部をはじめて訪れたのは、東大の宗教学科に進学した最初の年、1974年のことだった。それまで、天理教について詳しいことを知らなかったので、そこが宗教都市になっていることを十分には認識していなかった。

そのために衝撃を受けたのだが、とくに強く印象に残ったのが、毎日夕方5時から、その教会本部で行われる「おつとめ」と呼ばれる儀式を見学したことだった。

そもそも、教会本部は、巨大な建物で、ぼくが最初に訪れたときには建設の途中だったけれど、今ではそれは3000畳を超える広さをもっている。たまたま、ぼくらが訪れたのはゴールデンウィークの最中で、天理市にはたくさんの信者が泊まりがけで訪れており、教会本部は信者たちで埋め尽くされていた。

おつとめの際には、定められた作法に従い、「あしきをはろうて、たすけたまえ、てんりおうのみこと（天理王命）」などと唱えていくのだけれど、ぼくは、同じ所作を行う膨大な数の信者を見て、圧倒されてしまった。

そのときは、はじめての光景に唖然として、ただ「おてふり」を見ていただけだったのだけれど、次に訪れたときには、それを真似てみたりした。信者でもない人間が、所作を真似るということは、その宗教を冒瀆するようなことにもなりかねないが、天理教の場合には、教会本部の中心にある「ぢば」と呼ばれる場所は、人類発祥の地とされており、そこは人類全体のふるさととして位置づけられている。だから、最寄り駅の天理駅には、「お帰りなさい」という看板が掛けられている。

そこから考えれば、人類全体が、天理王命を信仰する信者であるということになる。ならば、はっきりとした信仰をもたない、ぼくのような人間がおてふりを真似ても、それは格別問題にならないように思える。

実際、他の信者がやっているのを見ながら、おてふりを真似てみると、一歩天理教の信仰世界に近づいたような感覚を覚える。天理教の教会本部がいいのは、そこにやってくるのは、ほとんどが信仰をもつ人たちで、観光客などほとんどおらず、まったく俗化していない点だ。そうした環境も、信仰の世界に一歩近づいたという感覚を生むことにつながっている。

●クラシックコンサートの儀式性

ただし、儀式そのものということになれば、ぼくらはさまざまな形でそれに接している。先日、ぼくはあるヴァイオリニストのリサイタルに出かけた。必ずしもクラシックのファンというわけではないので、あまりそうしたところに行ったことがなかったのだけれど、ぼくはそうしたリサイタルに儀式が存在することを発見した。

ぼくは、昔からのジャズファンなので、ジャズのコンサートにはよく行くけれど、その場合、演奏者は曲を演奏し、観客から拍手を貰うと、そのまま次の曲に移っていく。途中、おしゃべりが挟まれることはあっても、休憩にならないかぎり、演奏者はステージを下りない。

ところが、そのヴァイオリンのリサイタルでは、一曲演奏が終わるごとに、演奏者は舞台の袖に引っ込んでしまった。その間観客は拍手を続けていて、演奏者はまた舞台にあらわれ、お辞儀をしてまた下がる。すると、観客の拍手は鳴り止む。そして、ちょっと間があって、ふたたび演奏者がステージにあらわれ、観客が拍手でそれを迎えると、次の曲に移っていく。

こうした形式にはじめて接したぼくには、最初、全体の流れがよく分からなかった。一曲演奏しただけで、袖に下がり、また拍手で登場するというのは、その時点ですでにアンコールを求めるような感じにも思えた。もし、下がったところで、観客がもう拍手をしなかったらどうなるのだろうか。そんな余計なことまで考えたけれど、形式が決まっていて、観客もそれをわきまえているので、絶対にそうした異常な事態は訪れないに違いない。

必ずしもこうした形式をとる必要はなく、実際、クラシックのピアニストのリサイタルに行ったときには、いちいち曲ごとに袖に下がったりはしなかったように記憶している。そう考えると、ぼくはまだ、クラシックの世界の儀式のあり方を完全には理解していないことになる。

ジャズファンのぼくからすれば、こうした形の進行は、あまりに形式化していて、自発的なものには感じられないが、クラシックファンは、むしろそうした儀式性を好んでいるのかもしれない。形式が定まっているということは、そこに参加した人たちに安心感を与える。こうしたコンサートの形式でさえ、ぼくには宗教を研究する上での一つのテーマのように思えてくるのだ。

Ⅴ章

罪と赦し

ベネディクト、フロイト、ミッションスクール

西洋が「罪」なら日本は……？

●『菊と刀』の誤った読まれ方

日本人の感覚からすると、罪というものは少し自分たちからは遠い感じがする。こうした事柄は、自分に引きつけて考えないと意味をなさないことが多いけれど、ぼくたちは罪を自分たちの問題としてとらえようとしても、それがうまくできない。まして、赦しということとなると、それはさらに難しいことに思えてくる。

それは、日本が、キリスト教を基盤とした西欧の「罪の文化」とは異なり、「恥の文化」を本質としているからではないか。おそらく、日本人にとって罪が遠いと言い出せば、そうした指摘が返ってくるに違いない。

西欧の罪の文化と日本の恥の文化という対比は、今ではすっかり浸透し、それを前提に議論する人たちも少なくない。そして、この対比をはじめて行った人物として、アメリカ人の人類学者、ルース・ベネディクトの名前があげられるのが通例になっている。

ベネディクトがこの対比を行ったのが、彼女の著作『菊と刀』においてである。『菊と刀』の原著は、アメリカで1946年に刊行されていて、これは日本人論の代表的な書物に位置づけられている。日本語訳（長谷川松治訳『菊と刀――日本文化の型』、現在は講談社学術文庫）が出たのが、その2年後の1948年のことで、それはロングセラーになり、最近は新訳まで刊行されている（角田安正訳、光文社古典新訳文庫）。

アメリカでも、この本はロングセラーになり、今でも読み継がれているという。ひょっとしたら、日本で仕事をしている外資系のビジネスマンは、この本を読んで、日本人とは何か、どういった国民性をもっているのかを勉強しているのかもしれない。

『菊と刀』を読んだことがあるという人は少なくないと思う。けれども、ここが不思議なところでもあるのだけれど、ベネディクトが、『菊と刀』のなかで、必ずしも罪の文化と恥の文化の対比について熱心に述べているわけではないことは、ほとんど認識されていない。

そんなことを言い出せば、「本当なのか」という声が返ってきそうだけれど、少なくとも、『菊と刀』の中心的なテーマが、この観点からの二つの文化の対比にないことは明らかだ。

というのも、『菊と刀』のなかで、恥について言及されているのは、ほんのわずかな部分でしかないからだ。

それは、最初から『菊と刀』を読んでいけば、すぐに分かってくる。しばらく読み進めていっても、ベネディクトは日本文化における恥の問題についていっこうにふれようとしない。

『菊と刀』は、全体が13章で構成されている。それに、「はじめに」と補章および「おわりに」が前後にくっついている。その9章まで読んでも、恥については出てこない。ようやく10章の「徳のジレンマ」の部分になって、恥に言及されている。

しかも、その章全体が、恥について、あるいは恥の文化と罪の文化の対比について費やされているわけでもない。恥に言及した部分は、わずか2ページにすぎない。しかも、ベネディクトは、罪を基調としているアメリカの文化でも、最近は前ほど罪が強調されなくなり、恥がしだいに重みを加えていると述べている。

たしかに、ベネディクトは、恥についての短い言及のなかで、「日本人の生活において恥が最高の地位を占めている」と述べてはいる。この箇所だけを読めば、『菊と刀』は、日本が恥の文化であることを強調した本だと読めてしまう。けれども、ベネディクトが、『菊と刀』のなかで、もっとも力を入れて論じているのは、日本人の「恩」の観念についてだ。その点で、『菊と刀』は、恩の文化についての本として受け取るのは正しいが、決して恥の文化についての本としては受け取れないのだ。

こうしたことは、実はよくある。ぼくは、『誰も知らない「坊っちゃん」』（牧野出版）という本のなかで、夏目漱石の名作『坊っちゃん』が、さわやかな青春小説、学園ドラマとして誤解されてきたことについて分析を加えたけれど、一冊の本が、その内容を正しく理解されず、まったく違うものとして受け取られている例は少なくない。『菊と刀』も、基本的に誤読されてきたのだ。

どうしてそんなことが起こったのかについて書いていくと、本題からずれてしまうけれど、ぼくは『日本という妄想』（日本評論社）という本の第3章で、その分析をしている。ぜひそちらを参照してほしい。

日本人には、自分たちは恥を重んじる国民だという自負心がある。恥を知るということは一角《ひとかど》の人物になるための必須の条件で、恥を知らない人間は、教養もない劣った人間だという感覚がある。それが、『菊と刀』の誤読に結びついたのだと思う。そして、原罪を強調するキリスト教を基盤とした西欧の社会では、恥の代わりに罪が重視されていると言われれば、それで簡単に納得してしまうのだ。

●原罪と性的なもの

キリスト教とその源流となったユダヤ教の聖典である旧約聖書の「創世記」の冒頭では、創造神話が語られている。全知全能の神は、まず天と地とを分け、地上に次々と生物を生んでいった。そして、最後に人間を創造する。最初に生まれたのが男のアダムで、そのわき腹から女のイブが創造される。

旧約聖書に実際に目を通したことがない人でも、この物語はよく知っていることだろう。創造されたばかりのアダムとイブは、エデンの園と呼ばれる楽園で何不自由ない生活を送っている。

ところが、そこにヘビがあらわれ、イブを誘惑する。神は、二人に対して、エデンの園に生えている善悪の知識の木になる実だけは食べてはいけないと命じていた。二人はその命令を守っていたが、ヘビはイブにその実を食べるよう誘惑し、イブはそれに負けて、禁じられた実を食べてしまう。さらに、アダムを誘い、同じように実を食べさせる。

二人はそれまで裸でいたにもかかわらず、恥ずかしいとはまったく感じていなかった。ところが、食べたとたんに恥ずかしいと感じるようになり、陰部をイチジクの葉で隠すようになる。

それを見て、何が起こったのかを知った神は、自分の命令に背いた二人をエデンの園から追放する。追放された二人は、もう楽園に生きているわけではないので、労働をしなければならなくなるし、また、死を経験しなければならなくなる。これが、失楽園の物語だ。

実は、「創世記」にははっきりとは書かれていないのだけれど、イブを誘惑したヘビは、悪魔（サタン）だと考えられている。そして、二人は、善悪の知識の木の実を食べることで、性について知り、性の快楽を知ったのだと考えられている。

アダムとイブは、誘惑に負けたことで罪を犯したのだ。当初、その罪は、神の命令に背いたことによるものとされていたが、しだいに、性を知るということが罪と結びつけられるようになり、「原罪」という考え方が強調されるようになる。

原罪というのは、恐ろしい考え方だ。なにしろ、人間は、その最初の段階から罪を犯した存在として定められているからだ。

神に背くという重大な罪を犯した人間は、その罪から解放されるために、神による赦しを得なければならない。自分が罪深い存在であることを認め、その上で神にすべてをゆだね、神を信仰し続けなければならない。それが、ユダヤ教の信仰となり、キリスト教の信仰となっていった。

キリスト教で興味深いのは、こうした原罪の観念にもとづいて、神に仕える神父や修道者（修道女）は、独身を守り、性の欲望を遠ざけていなければならないとされている点だ。そこに、生涯を神のために捧げるという「終生誓願」の制度が生まれ、出家した聖職者という存在が誕生することになる。

ぼくたち日本人は、仏教に親しんできたので、出家や聖職者ということを特別なことだとは考えない。でも、世界の宗教を見渡してみた場合、出家が制度として確立されているのは、仏教とキリスト教のカトリック、あるいは東方教会だけだ。

実は、他の宗教には、出家という制度は存在しない。個人のレベルで、世俗の生活を捨て、ひたすら神を求める生活に入るような人間は、ほかの宗教でも存在するかもしれないけれど、制度化されているのは、仏教とキリスト教だけなのだ。

そうなると、出家した聖職者は、罪を免れることができるにしても、出家していない俗人はどうなるのだろうか。その際に、カトリックで制度として確立されたのが、懺悔、告悔である。カトリックの信者は、教会を訪れ、定期的に神父に対して自らの罪を告白し、懺悔する。それによって、神からの赦しが与えられる。教会の片隅には、懺悔をするためのカーテンなどで囲われた空間が作られている。

ぼくは、この懺悔の制度について関心をもち、研究をしてみたこともある。どうやってそうした制度が確立されてきたか、その歴史も調べてみたが、重要なのは、罪を認めるということが、キリスト教の信仰において、もっとも重要なこととされている点だ。

●決定的な転換点「回心」

信仰を確立する人間は、これはキリスト教に限らず、どの宗教でも言えることだけれど、信仰に目覚めるきっかけとなる出来事を体験する。神と出会ったり、神懸かりすることも、そうした体験にあたるけれど、キリスト教の場合には、自らが罪深い存在であることを深く認識し、それによってそれまでの自己のあり方を深く反省し、そこから離脱するために、ひたすら神を求める生活に入っていくことが決定的な転換点になる。それは、「回心」と呼ばれる。

イエス・キリストには、そうした回心の体験はなかった。悪魔による誘惑に打ち勝つという体験はあったものの、イエス自体は回心を遂げてはいない。

鮮やかな回心体験をしたのが、キリスト教をユダヤ人以外の人間たちに伝える上で大きな功績があったパウロだ。パウロは、もともとはキリスト教を迫害する側に回っていたけれど、ある時、天からの光に照らされ、イエスの声を聞く。これによって、パウロは、自分がキリスト教徒を迫害してきたことを罪としてとらえ、回心を遂げる。

そのパウロのことばを読んで回心を遂げたのが、古代キリスト教会の教父となったアウグスティヌスだ。

アウグスティヌスは、もともとは、キリスト教と対立し、善悪二元論を強調するマニ教の信者だった。しかも、演劇に熱を上げたり、性的にも放縦な生活を送っていた。

ところが、彼は、しだいにマニ教に不信を抱くようになり、悩み苦しんでいた。そのとき、隣りの家から、「取って読め」という声が聞こえてきた。彼は、そのことばに促されて、聖書を開くと、欲望から離れることを説くパウロのことばが飛び込んできた。それが、彼の回心に結びついたのだ。

アウグスティヌスは、それによって、悪の側から善の側へと大きく転換した。それは、マニ教の世界観を根こそぎ否定することにつながり、キリスト教の教えが、マニ教を超えたところに展開されるものだということを示すこととなった。

回心の体験自体は個人的なものだけれど、アウグスティヌスの体験は、それにとどまらず、新たな信仰を生み出す契機にもなった。だからこそ、キリスト教においては、自らの罪を懺悔し、回心を遂げることが、決定的な重要性を帯びることとなったのだ。

この点からすれば、日本が恥の文化であるとは言えないにしても、キリスト教を基盤とした西欧が罪の文化であるということは言える。プロテスタントでは、出家は否定され、懺悔の制度も存在しないけれど、聖書に書かれていることにもとづいて、人間の罪深さが強調されることは少なくない。

罪と回心ということとは、密接な結びつきをもっている。パウロの場合には、キリスト教を迫害していたことが、彼にとって罪として意識されるようになり、そこで回心を遂げた。

アウグスティヌスの場合には、自らの生活そのものが、しだいに罪深いものとして意識されるようになってきた。善と悪との絶対的な対立を説くマニ教の考え方では、一度悪に傾いてしまえば、そこから脱却していく道は示されない。

それに対して、キリスト教では、罪を犯してきた者ほど、自分が罪深い存在であることへの自覚が生まれやすい。その罪を懺悔し、神にすべてをゆだねれば、そこで救われる。キリスト教という宗教は、罪と回心とを結びつけることによって、独自の信仰システムを確立し、それを広めていくことで、勢力を拡大していったのだ。

ぼくが、宗教学を学びはじめた頃、宗教心理学について教えられた。今、宗教と心理学との結びつきということになると、ユング心理学のことが真っ先に思い浮かぶかもしれないけれど、それは最近の傾向で、初期の宗教心理学では、回心の研究が盛んに行われていた。回心によって信仰を獲得するわけだから、それがどのようなメカニズムによってなされるかは、重要な問題と考えられたのだ。

もう今ではほとんど忘れ去られてしまった研究だけれど、アメリカの宗教心理学者のなかに、E・D・スターバックという人がいた。彼は、若者たちが、いったい何歳で回心を遂げ、キリスト教の信仰を獲得するのかを研究した。調査の結果判明したのは、回心の年齢が第二次性徴と密接な関係をもっているという点だった。つまり、若者たちが、第二次性徴を迎える段階に達し、性に目覚めるようになると、自らの罪深さを意識するようになり、それが回心に結びつくというわけである。

これは、非常に分かりやすい議論で、なるほどと思わせるところがある。逆に、あまりに分かりやすいものだけに、これ以上、その点についてどう研究を進めていったらいいのか、発展させることが難しい。そのためか、スターバック以降、回心についての宗教心理学的な研究は進展を見せることがなかった。回心研究を含むスターバックの『宗教心理学』という本も、大正時代に一度翻訳が出ているけれど、それ以降はまったく出ていない。

●宗教のかわりに精神分析が癒す

スターバックの研究は、フロイトの精神分析学にも通じていく。フロイトは、神経症の原因として、性的な抑圧を指摘した。彼は、ウィーンで治療活動を実践していたけれど、彼の患者はオーストリアの上流階級で、その間では、性や性欲をタブーとする傾向が強く、その分、抑圧が厳しかった。

治療の際に、フロイトが導入したのが、精神分析という手法だった。それは、患者をソファーに寝かせてくつろいだ状態にさせ、その自由連想に任せて、話をさせていくもので、フロイトは、それを続けていけば、性的な抑圧の原因にたどり着くことができ、それによって神経症を癒すことができると考えた。

オーストリアは、プロテスタントの国で、カトリックの影響は少ないが、性にまつわる出来事を思い出させ、それを言語化させていくというやり方は、カトリック教会の懺悔の制度と共通性をもっている。

人間も、動物の一種だけれど、発情期というものを失い、それによって、生殖を必ずしも目的としない快楽としての性を実現することになった。しかし、キリスト教の教えは、性の快楽を原罪と結びつけ、個人に罪の意識を植え込もうとする。それは、ときに抑圧に結びつき、神経症へと発展することもある。

フロイトは、宗教に対する信仰そのものを否定する立場に立っていたが、彼が対象とした患者たちは、原罪を教義とする宗教の影響を強く受けていた。罪からの解放を願いつつも、教会の力によっては癒されない近代のブルジョア階級には、フロイトの精神分析という手法は必要だった。

このように、ユダヤ教を含め、キリスト教の文化圏では、罪ということが信仰と密接な結びつきをもち、その核を形成している。

●性的抑圧が弱い日本

ところが、日本の文化には、そうした要素は見られない。日本が果たして恥の文化なのかについては、さまざまな議論があるだろうけれど、罪の文化でないことはたしかだろう。

日本人が受け入れた仏教の戒律である「五戒」には、「不邪淫戒」というものがあり、邪な性的欲望の成就は戒められている。僧侶として出家する人間は、世俗の生活を捨て、妻帯することもなければ、子どもを設けることもないとされている。その点で、キリスト教のカトリックや東方教会と共通する。

ただ、日本の社会を考えてみた場合、この不邪淫戒が社会的に重要な役割を果たしてきたとは思えない。僧侶についても、浄土真宗の親鸞が先鞭をつける形で、妻帯するようになり、出家と俗人との区別はしだいに曖昧なものになってきた。

おそらくはその点と関連するのだろうけれど、日本では、性を罪と結びつける考え方は生まれなかったし、それを強調するキリスト教も、社会に広く浸透するまでには至らなかった。

むしろ、近代に入るまでの日本の社会は、性的に自由な社会で、それがタブーとされることはなかった。武士のあいだでは、「衆道」と呼ばれる同性愛でさえ一般化していた。近代に入ると、西欧の影響で、性をタブーとして社会の表から排除しようとする動きも生まれるが、性的な抑圧が強化されるまでには至らなかった。

アメリカで、性の自由、フリーセックスや、同性愛者の権利の拡充が叫ばれたりするのも、それだけ抑圧が厳しいからで、抑圧が少ない日本の社会では、その必要はあまりない。キリスト教は、16世紀と19世紀の二度にわたって日本の社会にもたらされ、一定の広がりをみせたものの、幅広く社会に浸透するまでには至らなかった。現在でも、キリスト教徒の割合は、人口の1パーセント以下と推計される。先進国のなかで、これほどキリスト教徒の割合が小さい国は他に存在しない。

豊臣秀吉や徳川幕府は、キリスト教の禁圧という方向に動くが、近代に入ってからは、キリスト教を排斥する動きが強かったわけではない。それでも、キリスト教が浸透しなかったのは、日本の社会の側に、キリスト教の信仰を拒もうとする傾向が存在したからだろう。そこには、性的な抑圧が存在するかどうかがかかわっていたはずだ。

ただ、日本の社会にキリスト教がまったく影響を与えなかったかと言えば、そうではない。日本が近代化を進める上で、西欧社会の基盤にキリスト教が存在することは十分に意識されていたし、新しい社会の道徳や社会規範を成り立たせる上で、キリスト教の役割は大きいと考えられていた。

たとえば、新渡戸稲造は、キリスト教の信仰をもっていて、それを直接日本の社会に浸透させることは難しいにしても、キリスト教の教えのなかに含まれる道徳や社会規範を広めていくことは重要だと考えた。そこで、「修養」という考え方をとり、信仰という形ではなく、あくまで道徳や社会規範としてキリスト教の考えを広めようとした。彼の有名な『武士道』という本も、そうした考え方にもとづいて英語で書かれたもので、日本の武士道のなかにキリスト教の精神を見いだそうと試みたものだった。

さらに、ぼくが注目する必要があると考えているのが、「ミッション・スクール」だ。日本の私立学校のなかには、宗教が基盤になっている学校が少なくないけれど、とくに、キリスト教のミッション・スクールの数は多い。

重要なのは、とくにカトリック系のミッション・スクールでは、日常的に宗教教育が行われている点だ。聖書やキリスト教について学ぶための授業が必修になっているほか、毎週一度、あるいは毎日礼拝の時間があって、生徒たちは、キリスト教の信仰をもっているかどうかを問わず、そうした礼拝に参列しなければならないことになっている。

ミッション・スクールは、たいがい中高一貫教育になっていて、生徒たちは、10代の大半をそこで過ごす。それはまさに、第二次性徴の時代に当たり、性というものを意識するようになる年齢に当たっている。

生徒たちは、ミッション・スクールでの教育や宗教的な実践を通して、キリスト教の道徳や倫理観について学び、性に関しても、キリスト教の規範の影響を強く受けるようになっていく。必ずしも、生徒たちが、それを通して、信仰を獲得し、キリスト教徒になっていくわけではないけれど、精神的な面での影響は大きい。ぼくは、カトリックのミッション・スクールを出た人間を幾人も知っているけれど、その宗教観は、明らかにキリスト教的だ。少なくとも、一般の日本人とは異なり、宗教に対しては厳密な態度をとる。

一般の親たちは、ミッション・スクールの清楚なイメージに誘われて、自分の子どもをそうした学校に進学させようとするわけだけれど、その際に、宗教教育がどの程度影響を与えるものなのかを十分には意識していない。仏教の僧侶の家庭でも、子どもをミッション・スクールに入れたりしている。けれども、生徒たちは、相当な影響を受けるのだ。

キリスト教は、ミッション・スクールを通して、日本の社会に浸透しているのではないか。ぼくは、日本社会におけるキリスト教の役割を理解しようとする場合、そうした点にも注目しなければならないと思っている。

Ⅵ章

天国あるいはあの世、そして再生

悪いことは良いことの先駆けである

宗教美術、施設の担っている意味

●臨死体験

残念ながらぼくは、天国をかいま見るチャンスを逸したのかもしれない。

今から数年前、ぼくは大病をした。甲状腺機能亢進症に十二指腸潰瘍を併発して、およそ40日間入院生活を送った。ぼくの場合、甲状腺機能亢進症が相当に悪化していて、心拍数が異常に高くなった。腹水もたまっていて、状態を落ち着かせる必要があった。そこでぼくは、治療のため、11日間にわたって意識のない状態におかれた。その間、点滴だけで、食事をとれなかったため、体重は20キロくらい減った。

そこから目覚めてみると、ぼくは幻覚を見た。医師からは8割くらいの人が幻覚を見ると宣告されていたが、ぼくもその8割に入っていた。それまで幻覚など見たことはなかったが、それがそんなに苦しいものだとは思わなかった。幻覚は見たくないと思っても見てしまうもので、目を閉じても、それは消えないのだ。

幻覚のなかには、宗教的なものも少なくなかった。仏像の絵のようなものも見たし、自分が入院している病院が、宗教色が強い場所であることを示すようなものも見た。実際には、共済組合の病院で、宗教色など微塵もなかったのだけれど、幻覚のなかの病院は、キリスト教ぽかった。

それでも、天国や極楽を見るようなことはなかった。病院から抜け出して、裏原宿と言われる地区にある阿片窟のような場所に行き、全体が黄色っぽい空間のなかで、麻薬に溺れているかのような幻覚は見たけれど、そこは天国でも極楽でもなかった。

幻覚を見なくなった後、担当の医師からは、もし何かに感染でもしていたら、命が危なかったとも言われた。もしぼくが、もっと危険な状態に陥り、死に近づいていたとしたら、いわゆる「臨死体験」をして、天国や極楽へ赴いていたかもしれない。

その点で、ぼくは生きながらにして、天国や極楽を味わうという機会を逸したことになる。幻覚を見ることで、神秘家の体験がいかなるものなのか、それをつぶさに知ったように思ったけれど、臨死体験の方はおあずけになってしまった。

世界中にはさまざまな宗教が存在するけれど、どの宗教においても、天国や極楽の観念が存在している。さらに、その対極にある地獄の観念も、あらゆる宗教に存在している。果たして、天国も知らなければ、地獄も知らない宗教が存在するものだろうか。おそらくそれはないだろう。

天国や極楽にしても、地獄にしても、それは死後に赴く世界であるという点で、「あの世」として一括することができる。

人間が死んでしまえば、肉体はその活動を止め、そのまま放っておけば、遺体はしだいに腐敗し、最後には骨だけが残る。

現在では少なくなったけれど、昔は、ほとんどが土葬で、遺体は土の下に埋葬され、人は土に還っていった。今から20年前に、ぼくは山梨県内の山村の調査に参加したことがあったけれど、そこは土葬で、村に唯一ある寺の境内に共同の墓地があった。

土葬の場合、時間が経つと、埋葬した木の棺が崩れ、遺体が腐敗して、陥没をはじめる。墓地で遊んでいた村の子どもたちは、この下におじいちゃんが埋まっているのだと言って、そこで飛び跳ねていた。

最近では火葬が一般化し、土葬地帯は少なくなった。それにつれ、土に還るという感覚はなくなってしまったかもしれないけれど、自然界に還っていくのだという感覚は残っている。

その点では、死ねば終わりだ。けれども、人間には、生に対する未練があり、死んでもそれで終わりだとは考えてこなかった。死んだ人間の魂は、あの世に生まれ変わるのだと考え、死者が、あるいはその魂が赴く場所として、天国や極楽、そして地獄のイメージを発達させてきた。

●浄土と地獄

天国や極楽は、限りない幸福が実現された場所として考えられ、逆に、地獄は限りない苦が待ち受けている場所としてイメージされ、さまざまな形で表現されてきた。

たとえば、宗教建築として名高いものに、宇治の平等院がある。そこには、屋根に鳳凰を乗せた鳳凰堂があって、本尊として阿弥陀如来が祀られている。鳳凰堂の前には、池が広がり、それは全体として浄土を模した「浄土式庭園」になっている。

あるいは、奈良に近い京都南部、木津川市には、九体の阿弥陀如来を祀った浄瑠璃寺がある。そこも、池のある浄土式庭園で、対岸には薬師如来を祀る三重塔が建てられている。阿弥陀如来が、西方極楽浄土の教主であるのに対して、薬師如来は、東方浄瑠璃世界の教主であって、浄瑠璃寺では、全体で仏の世界が表現されている。

こうした浄土式庭園が造られたのは、平安時代に浄土教信仰が広がったからだ。日本の社会が仏教を取り入れる上で、中国の影響は大きく、基本的に中国でその時代に一番流行している仏教のあり方が日本にも伝えられてきた。

最初は、学問としての仏教が伝えられ、奈良の都に建立された寺院では、僧侶たちがそれを学んだ。平安時代に入ると、密教が本格的に取り入れられる。天台宗の最澄は、不十分な形でしか密教を日本にもたらすことができなかったけれど、真言宗の空海が体系的に取り入れることに成功した。天台宗の方では、最澄の後を継いだ円仁や円珍といった僧侶たちが、真言宗に負けじと、改めて中国で密教を学び直し、それを日本にもたらした。

浄土教信仰が取り入れられるのは、密教の後のことで、それと一緒に、浄土に生まれ変わるための念仏という方法も日本にもたらされた。この念仏の影響はとても大きかった。密教の儀式は、正式にそれを学んだ僧侶にしかできない大掛かりなものだけれど、念仏なら、誰でもできるし、いつどこでも唱えることができる。これによって、念仏は、大流行を見せる。

念仏の行をはじめて日本に伝えたのは円仁だったけれど、死後に赴く場所として浄土の姿を鮮明な形で描き出したのが、源信だった。源信の著作『往生要集』では、浄土やその対極にある地獄の姿が詳細に描き出されている。とくに源信が力を入れたのが、地獄の描写で、生前に悪業を犯した人間が陥る地獄がいかなる場所で、そこではどういった罰が待ち受けているか、延々とそれをつづっていった。

源信が、地獄の有り様を事細かに描き出していったのは、地獄がいかに恐ろしい場所であるのかを強調することで、極楽浄土へ往生したいと思う気持ちを強め、念仏行に専心させようとしてのことだった。

素晴らしい理想の世界を描き出すということは、案外難しい。誰もが共通して理想の境地だと考える世界は存在しないし、具体性がない分、それをどう描写していいのか、描き方に苦労する。

たしかに、浄土式庭園は美しい空間ではあるけれど、そこに永遠に留まっていたいかと聞かれれば、そうだと答えることに躊躇《ためら》いを感じる。その光景が心地よいものに感じられても、すぐにぼくらは退屈してしまう。人間は、むしろ刺激を受けている状態の方が、幸福を実感しやすい。それは、浄土式庭園にとどまらず、天国や極楽を描いたもの全般に共通する。

一方、陰惨な地獄なら、いくらでも描き出すことができる。苦しい罰を次々にあげていき、それが永遠に続くことを強調すればいいからだ。

地獄を絵画として表現したものとしては、「地獄草紙」などが有名だ。地獄と極楽を同時に描いた掛け軸なども作られ、それは「絵解き」に用いられた。

絵解きというのは、僧侶などが、説法の場にそれを掛け、集まってきた信徒たちに、地獄の恐ろしさを語り、そこに堕ちていきたくないのなら、生きている間に徳を積み、それで極楽へ生まれ変わるようにすべきだと説くものである。

悪く言えば、脅しのようなものだけれど、良く考えれば、倫理、道徳を説き、信徒たちが悪行を犯さないよう戒めているのだとも言える。とくに、子どもたちに対しては、教育として絵解きが行われた。絵解きが説得力をもつためには、地獄の様子が徹底的に凄惨に描かれていなければならなかった。

●ダンテの描く世界

これは日本だけのことではなく、西欧のキリスト教世界でも、さまざまな形で天国や地獄の姿が描かれた。

西欧で、源信の『往生要集』にあたるのが、イタリアの詩人で政治家だったダンテ・アリギエーリによる『神曲』だ。これは、『地獄篇』、「煉獄篇」、「天国篇」の三部構成になっていて、主人公のダンテが、古代ローマの詩人ウェルギリウスに導かれて、地獄、煉獄、天国を経巡っていく物語になっている。

煉獄というのは、キリスト教に独特な考え方で、それほど大きな罪を犯してはいないけれど、かといって天国に直行できるほど清い行いをしてきたわけではない死者が赴く場所として考えられている。そこに赴いた死者は、清められることで、天国への昇天を赦されるのだ。

キリスト教の世界のもう一つの特徴は、「最後の審判」の観念があることだ。キリスト教では、世の終わり、終末が近づいていることが前提になっていて、終末が訪れれば、神による審判が行われると考えられている。

神は、世の終わりにおいて、清い行いをしてきた者に対しては永遠の生命を与えるが、そうではない人間は地獄に堕とされる。いったいいつ、この最後の審判が行われるかは決まっていないけれど、キリスト教徒はつねにそれに備えていなければならない。キリスト教では、そうした信仰が確立されてきた。

そこから、最後の審判は、キリスト教絵画の極めて重要なテーマになり、多くの画家がそれを描いてきた。なかでももっとも名高いのが、ルネサンスの巨匠、ミケランジェロの描いた「最後の審判」だ。

これは、カトリックの総本山、バチカンにあるシスティーナ礼拝堂の祭壇に描かれた巨大なフレスコ画で、ミケランジェロは5年の歳月をかけて、これを完成させた。

なにしろ、そこに描かれた人物は400人以上に及んでいる。審判を受けた者は、天国へ昇天するか、地獄へ堕ちていくことになるけれど、ミケランジェロは地獄を描く際に、ダンテの『神曲』をお手本にした。

この絵は、礼拝堂の天井や壁一面に描かれていて、画集などで見ても、その全貌は分からない。

ところが、日本には、システィーナ礼拝堂をそっくり再現したところがある。それが、徳島県の鳴門市にある大塚国際美術館だ。

この美術館は、東京六本木の国立新美術館に次いで日本で2番目に大きな美術館だけれど、本物の絵は一枚も展示されていない。展示されているのは、陶板の複製画で、古代から現代まで西欧の名画が千点以上展示されている。

複製と聞くと、価値が低いように思われるかもしれないけれど、すべて原寸大で、しかも、陶板に絵が焼きつけられているため、手で触ることもできる。

ぼくも一度そこを訪れたことがあるけれど、原寸大だということは重要だ。しばらく見ていくと、だんだん本物のような気がしてくる。しかも、そこにあるのは、美術の教科書には必ず出てくる名画ばかりで、その数は半端ではない。ぼくは、一日そこにいたけれど、とうとう展示の半分しか見られなかった。

もし、キリスト教絵画について勉強したいと思う人がいたとしたら、どこよりも、ここを訪れるのがいい。受胎告知や聖母子像を集めた部屋などもあって、比較研究も容易にできる。

システィーナ礼拝堂は、この美術館の目玉となる展示で、礼拝堂がそっくりそこに復元されている。何しろ、陶板は色が褪せないので、十分に照明が当てられ、隅々までよくわかる。現物を見ても、これほどはっきりとは見えないだろう。ミケランジェロの偉業には、ただただ圧倒される。

ほかにも、大塚国際美術館では、いくつかの聖堂が同じような形で復元されている。それを見ると、聖堂という空間が、それ全体で、現実の世界とは異なる神聖な世界をそこに出現させる装置になっていることがよく分かる。そこに宗教建築の意味があり、そこに描かれた天井画や壁画は、建物と一体になることで、表現媒体としての機能を果たしているのだ。

いくら文字で書かれたものを読んでも、天国や極楽、そして地獄のことを具体的にイメージすることは難しい。絵解きのような演劇的な仕掛けを用意しないと、それはリアルなものとして迫ってこないわけだけれど、絵画の場合も同じで、礼拝堂や聖堂という装置を必要とする。それは、浄土式庭園をもつ寺院と同じことだ。

そうした装置としてとくに優れているのが、京都の三十三間堂だ。その正式の名称は、蓮華王院本堂と言い、そこには、本尊の千手観音座像のほか、1001体の千手観音立像が安置されている。

ここを拝観する参拝者は、堂宇の横から入っていくことになるけれど、無数の仏が立ち並んでいる姿を最初に見たときには、息を呑む。それは、想像を越えた光景で、観音像の列はどこまでも続いているかのように思える。堂内の空気は、外の空気とは明らかに違う。無数の観音像の呼吸が、堂内を清め、そこを浄土に変えているように感じられる。

こうした光景に接すると、信仰を確立する上において、宗教美術がいかに重要な役割を果たしているのかがよく分かる。ぼくらの眼の前に、天国や地獄、あるいは極楽や浄土が、そのまま表現されていなければ、ぼくらは本当の意味でそれにリアリティーを感じない。けれども、現実をはるかに超越した世界を地上に現出させるということは、それ自体、相当に無謀な試みだ。しかも、出来たものが、ちゃちだったら何にもならない。圧倒的な存在感をもって迫ってこなければ、何の意味もないのだ。

ところが、ミケランジェロにしても、三十三間堂の仏を制作した慶派の仏師たちにしても、見事にそれをやり遂げた。そして、制作されてから何百年が経っても、システィーナ礼拝堂も、三十三間堂も古びない。また、それを凌駕するものは、今に至っても作られてはいない。

●死と再生の体験＝イニシエーション

ぼくたちは、そうした宗教的な装置に接することで、得難い体験をすることができる。ぼくらは、現実を超えた世界を体験することで、生まれ変わりを感じる。まさにぼくらは、宗教的な装置によって、イニシエーションを果たすことになるのだ。

重要なのは、やはりこのイニシエーションの体験だ。人は、象徴的な形でいったん死ぬことで、生まれ変わりを体験することができる。イニシエーションの基本は、死と再生の体験だ。宗教について考える際に、この死と再生ということは、決定的な意味をもつ。

たとえば、キリスト教の信仰の核にあるのは、十字架に掛けられて殺されたイエス・キリストが3日後に復活したという出来事だ。それは、たんに起こり得ない奇跡を意味するだけではない。キリスト教の信者は、そこに自分たちが再生を果たしていく希望を見いだしてきた。イエスは、自らの死によって、信者たち全体の罪を贖い、信仰による再生を保障してくれたのだ。

仏教においても、死には意味が与えられている。死は、涅槃であり、往生であり、そこには究極的な悟りとしての意味がある。悟りもまた、イニシエーションの体験であり、死と再生を伴うものなのだ。

人間は、重大な苦難に直面したとき、いったんは死ぬ。それは、肉体的な死ではなく、精神的、あるいは象徴的な死であるかもしれないけれど、いったん死ななければ、その後の再生はあり得ない。

ぼくも、大病をしたとき、死を体験した。臨死体験はなかったものの、肉体の死に近づくことで、事実上、死んだと言える。死に近づく体験をしたからこそ、その後、再生を果たすことができたのだ。

なぜぼくが大病をしたのか、医学的にはその原因ははっきりしない。医学の領域では、その人間がなぜ病気になるのか、その理由を説明することは難しい。

けれども、ぼく自身は、けっきょくのところ、オウム真理教の事件を契機に自分が激しいバッシングを受け、それで大学を辞めざるを得なくなったことが、大きなストレスになっていて、最終的に持ちこたえられなくなったことで、病に陥ったと考えている。

病に陥るまで、ぼくは、どうやって先へ行けばいいのか、その方向性を見出せない状態におかれていた。突破口を求めて、何かをしなければならないことは分かっていても、それが具体的にどういうことなのかがつかめないままだった。

けれども、大病を経験したことで、何かが変わった。その何かを説明することは難しいのだけれど、ふんぎりがついたことは間違いない。過去は過去として、それを受け入れ、新しい方向にむかって、勇気をもって踏み出していくしかない。そう思えるようになったのだ。

そのとき、ぼくにとって大きいと思うのは、自分が、イニシエーションという考え方を知っていて、それについてさまざまな角度から学んできたという点だ。イニシエーションの考え方は、死と再生とが密接な関係をもっていることを教えてくれる。再生を果たすには、いったんは死ななければならないことを教えてくれている。

厳しい場面に直面したとき、イニシエーションについて知っているかどうかは、大きな意味をもつ。知っていれば、厳しい場面を乗り越えれば、世界が変わり、新しい世界が開けてくることに希望を抱くことができる。でも、それを知らなければ、将来への希望を抱くことは難しい。

これは、もしかしたら信仰に近いものかもしれない。というのも、イニシエーションという考え方を知り、その可能性を信じることで、ぼくは救われてきたからだ。

何か自分にとって悪いことが起こったとする。普通、それはこころを暗くしたりする。けれども、イニシエーションということで考えていくと、悪いことは、良いことが起こるきっかけであり、前兆であったりする。そう思えれば、悪いことを悪いことと考えなくなる。そのとき、それは悪いことではなく、むしろ良いことに変わっている。

その点では、随分と楽天的な考え方だということになるけれど、楽天的になれるかどうかということは、実際の人生では大きな意味をもつ。悲観的になってしまえば、事態に立ち向かう勇気も気力も湧いてこない。今、苦しい目にあっているのは、次に訪れる変化の兆しなのだと考えられれば、今の事態を受け入れ、それを乗り越えていくことができるようになる。

神や仏を信じたとしても、そうした存在が、直接苦難から自分を救ってくれるわけではない。でも、神や仏は自分を見捨てないと考えることで、苦難に直面し、それに打ち勝っていこうという希望や期待を抱くことができる。信仰というものは、そういうものなのではないか。あらゆる信仰は、けっきょくイニシエーションというところに還元できるのではないか。そう言ってもいいかもしれない。

少し前に天理教についての本を出したことがある。天理教の教祖は、中山みきという人で、90歳で亡くなることになるのだけれど、生前には人間の寿命は115歳までだと説いていた。

にもかかわらず、その教祖は90歳で亡くなってしまった。信者たちは、教祖の死を悲しむと同時に、予期せぬ早すぎた死に狼狽し、信仰の危機に直面した。教祖の言っていたことは、実は間違っていたのではないか、そうした疑いが生じてきたのだ。

そのとき、亡くなった教祖の代わりに神のメッセージを伝える役割を負った人物がいて、その人間の口をついて、新たなメッセージが発せられた。教祖は、自らの寿命を25年縮めて、信者たちの救済にあたるのだというのである。
これで、信者たちは救われた。教祖は、無駄に死んだのではない。自分たちを救うために、命を縮めてくれたのだ。それは、キリスト教において、イエス・キリストの死と復活の信仰が生み出されたときと似ている。教祖の死が、新しい信仰を生むきっかけになったのだ。

宗教を読み解く上で、この死と再生の体験、イニシエーションということは決定的な意味をもつ。それは、宗教を見ていくとき、あらゆる場面にあらわれる。そして、人間の生き方にも深くかかわる。人が生きていくということは、イニシエーションを経ていくということでもある。

宗教現象について、客観的に見ていくことは大事だ。そこにこそ、宗教学の試みの意味がある。でも、そこで終わってしまっては、宗教を読み解いていくことの意味はない。ぼくたちは、いったい宗教というものが、人が生きていくということにどういうかかわりをもつかを、絶えず考えていかなければならない。それを考えるには、たんに客観的に見ていくだけではすまなくなってくるのだ。

Ⅶ章

師と弟子、そして教団

凡人は〝先生〟たりえない

師とはときに理不尽なものである

●弟子がいてこそ開祖がいる

宗教の世界において、師という存在は、とても重要な意味をもっている。そして、師と、その師を慕う弟子との関係は、相当に密接なもので、特別な問題をはらんでいる。

宗教の世界における師は、開祖や教祖、教主などと呼ばれる。それぞれの宗教には独自の教えがあり、その教えを伝え、広めていくことが、宗教の基本的な活動になってくる。その一番の中心に位置しているのが、最初にその教えを説きはじめた師としての教祖なのだ。

英語で、師のことは、masterと言われる。そして、the Masterと言えば、イエス・キリストのことをさしている。つまり、イエスはキリスト教徒にとって、絶対的な師なのである。グルという存在も、弟子が忠実に従う宗教的な指導者のことをさしている。

宗教の世界における師という存在には、一つ重要な特徴がある。師は教えを説く存在であるにもかかわらず、基本的に自分で書いたものを残していない。師は著者ではないのだ。正確に自分の教えを表現し、それを誰か別の人間に伝えようとするなら、自分で書いた方がいい。ぼくは文筆を職業としているので、とくにその点を痛感するけれど、自分で書いた文章と、自分がしゃべったことを誰か、編集者なり、ライターなり、他人がまとめた文章とでは、読んでみて受ける印象が違う。代わりに書いてもらったものは、どうしても自分のものだという気がしない。読んでいくと、そこには自分とは違う別の人格が宿っているように思えてくるのだ。

にもかかわらず、どの宗教においても、その宗教の教えを記した聖典は、開祖や教祖が直接文章に書いたものではない。彼らが説いた教えを、弟子や後世の作家がまとめたものが、聖典になっている。

キリスト教の新約聖書のなかには、パウロ自身が書いた書簡なども含まれているけれど、肝腎なイエス・キリストのことになれば、その物語を書いているのは、後世の福音書作者たちで、イエスの実際の発言とされるものは、引用という形で示されている。

仏典の場合だと、それは必ず、「如是我聞」という形ではじまる約束になっている。如是我聞とは、自分は「このように仏陀の教えを聞いた」という意味で、仏陀が説法する場面にいた人間がそれを記録したという形式になっている。儒教の聖典、論語が、「子曰く」ではじまるのも、それと同じだ。

もちろん、時代が新しい場合には、弟子による教えの記録だけではなく、開祖、教祖自身が書き記したものが残されていることがある。

たとえば、鎌倉新仏教の開祖の一人、親鸞には、『教行信証』という大部の著作がある。けれども、親鸞の著作と言われて、普通ぼくらが思い浮かべるのは、この『教行信証』ではなく、『歎異抄』だ。日本で、この『歎異抄』ほど広く読まれてきた宗教書はないかもしれない。

『歎異抄』は、親鸞が書いたものではない。実は、その作者については、いろいろな説が出されているが、現在では、唯円という弟子が書いたものだというのが定説になっている。『教行信証』では、たくさんの経文が引用されていて、その分読みにくい。昔の仏教書の叙述のスタイルは、今とは違って、根拠となる経文を相当な数引用し、それで主張を正当化しようとするものなので、現代のぼくらにはとっつきにくかったりする。

それに対して、『歎異抄』の場合には、弟子からの問いがあって、師の答えがあるという形式になっていて、詳細な経文の引用などはなく、とても読みやすい。師と弟子との間でくり広げられる緊張感を含んだ問答が、その場に蘇ってくる。つまり、『歎異抄』には、ライブとしての魅力があるのだ。

同じ鎌倉新仏教の開祖の一人、道元の場合だって、『正法眼蔵』が主著だけれど、これはひどく難解で、ぼくらがそのまま読んですぐに理解できるものにはなっていない。やはり、一般の読者が読むのは、道元の弟子、懐奘《えじょう》がまとめた『正法眼蔵随聞記』という説法集の方だ。

『歎異抄』の場合にも、『正法眼蔵随聞記』の場合にも、読者であるぼくらは、自分を弟子の立場に重ねて、それを読むことができる。すると、眼の前に親鸞なり、道元なりがいて、ぼくたちに直接教えを説いてくれているような感覚を得ることができる。それが、開祖の著作では感じられない。だからこそ、開祖の直接書き記したものより、弟子が書き残したものの方が、重要視されるのだろう。

その点では、開祖や教祖が存在しただけでは、その宗教が成立し、後世に多大な影響を与えるほど強い力をもつことにはならない。むしろ重要なのは、開祖や教祖の教えを受け止め、それを書き残す弟子という存在の方なのだ。

弟子がいて、はじめて開祖や教祖が生まれる。極端に言えば、そういうことになってくる。何か順番が逆のような気がするけれど、師が自分で教えを書き残さない以上、弟子がいなければ、師の存在は、歴史にはまったく残らないのだ。

●親鸞の思惑

師は、相当に理不尽なことを言ったりする。

『歎異抄』では、「善人なほもて往生をとぐ、いはんや悪人をや」という「悪人正機」の考え方が一番有名だけれど、もう一つ、これと重なりあうことばがその13条に出てくる。それが、「たとえば、ひとを千人ころしてんや、しからば往生は一定すべし」という親鸞のことばだ。

人を千人殺したら往生すること間違いない。親鸞は唯円に向かって、そう言ったのだ。もちろん、それを聞いたのは唯円一人で、本当に親鸞がそんなことを言ったのかどうか、事実を確かめようもないけれど、もし本当なら、弟子にとってこれほど衝撃的な発言はない。まるで親鸞は、唯円に向かって大量殺人を迫っているようなものだ。

ただ、親鸞の発言には前提がある。親鸞はその時、唯円に対して、自分の言うことなら何でも信じるかと問いかけた。

唯円は、親鸞の忠実な弟子であろうとしていたので、その問いに対して、信じると答えている。すると親鸞は、本当に言ったとおりにするかと重ねて問うてきた。千人を殺せばということばが親鸞の口から出てくるのは、唯円がその問いに対して、必ず従うと約束してからのことだ。

予想もしない親鸞のことばを聞いたとき、唯円が、いったいどんな反応をしたのか、その場にいて確かめたかったと思うけれど、『歎異抄』を読んだだけでも、その狼狽ぶりがよく伝わってくる。唯円は、自分には一人だって殺せないと言って、師の教えに背いてしまうのだ。

狼狽する唯円に、親鸞は、そら見たことか、言っていることと違うではないかと諭し、教訓めいたことを言うのだけれど、そこになると、もう面白くない。緊張感がすっかり薄れてしまっている。

けれども、この問答ほどいじわるなものはないかもしれない。弟子の安請け合いを、親鸞が戒めたと解釈できるけれど、もし、唯円が、そこで師の言うことを真に受けて、千人殺しを決断したら、いったいどうなるのか。ぼくたちは、オウム真理教の事件を知っているだけに、そういうことがないとは断言できない。

そのとき親鸞はどうするのか。弟子の愚かさを嘆くのか、それとも罪を一身に背負うのか。あるいは、師にあくまで忠実であろうとする弟子の振る舞いを讃えるのか。残念ながら、『歎異抄』では、そこまでのことは書かれていない。

このときの親鸞もそうだけれど、開祖や教祖といった人たちのことを見ていくと、彼らは自分たちの弟子に対して、相当に理不尽なことをする存在だと思えてくる。いじわるだと言っていいかもしれない。この場合もそうだけれど、弟子の弱点や考えのなさを徹底して突いてくる。親鸞は、唯円が自分の言うことに絶対に従うと答えるのを見越して、全体の筋書きを組み立てている。師は、落とし穴を掘っておいて、その上に覆いをし、わざと弟子をそこに導いていっている。悪く言えば、まるでだまし討ちにしているようなものではないだろうか。

引っかかる方が悪いとも言えるけれど、弟子は師に従おうという強い気持ちをもっているのだから、明らかにそれにつけこんでいる。やはり、いじわるで、理不尽としか言いようがない。

●由良君美と柳原啓一

ぼくが、大学の学部で宗教学を学んでいたとき、その同級生に四方田犬彦がいた。彼は、学部は宗教学でも、大学院は比較文化に進んだので、別の道を歩むことになったけれど、彼の書いた本を読んでいると、宗教学を学んだことの影響が大きいように思えることがある。

2007年に刊行された『先生とわたし』（新潮社）という本を読んだときにも、そう思った。この本は、四方田が比較文学を学んでいたときに師事していた由良君美という、彼にとっての先生、師について書いたものだ。

最近では、由良君美という名前を聞いても、知らない人が多くなったかもしれない。けれども、四方田が師事していた時代には、時代をリードする知識人の代表として注目を集めていた。

ところが、その由良先生がはじめて外国旅行をし、ボストンに行ったおり、深夜、四方田の所に国際電話がかかってきた。明日講演をするので、写楽の作品について資料を照合してくれないかという依頼だった。急なことで、時間的にとても対応できるようなことではなかった。その旨を伝えると、由良先生は急に怒り出し、「分かった。もうきみには一生、何も頼まない」と叫んで、一方的に電話を切ってしまったのだった。

また、あるとき、渋谷にあるドイツワインを飲ませるバーで知り合いと飲んでいたとき、そこにたまたま由良先生が来ていた。店の人間にそれを教えられた四方田は、挨拶をしに行くと、先生は、「君は誰か」と詰問口調で言い、さらには、「きみは最近、ぼくの悪口ばかり言い回っているそうだな」と言うと、突然、拳骨を振り上げ、四方田の腹を殴ったというのだ。

この時期の由良先生は、アルコールに耽溺していた。その意味で、由良先生の弟子に対する理不尽な振る舞いは、すべてアルコールによるものだと考えることができる。四方田も、そのことははっきりと認めている。

しかし、四方田は、自分の師は、アルコール中毒に陥ることで、奇怪な振る舞いに及ぶようになったのだということで話を終わらせていない。なぜ由良先生が、そこまで行かなければならなかったのか。『先生とわたし』のなかでは、先生の出自までたどって、納得できる答えを見いだそうとしている。

『先生とわたし』は、単行本として刊行される前に、雑誌の『新潮』に一括掲載された。ぼくは、その段階で、この文章を全部読んでいたけれど、四方田の由良先生へのこだわりのなかに、師と弟子との不可思議な関係をかいま見たように思った。

もし、由良という先生が、そのまま時代の先頭を行く知識人として活躍していたとしたら、師と弟子との関係は、幸福なものとして継続されていたかもしれない。

けれども、そうだったら、四方田は、『先生とわたし』のような本を書きはしなかっただろう。それは、彼が、由良君美という存在について、徹底的に考え抜く作業をしないままになってしまったことを意味する。

ぼくの宗教学の先生である柳川啓一の場合にも、似たところがあった。ぼくは、先生からいやな目にあったこともなければ、暴力を振るわれたこともなかったけれど、柳川先生も、アルコールに耽溺し、おそらくはそれがもとで63歳までしか生きられなかった。

しかも、50代にさしかかろうとした時点から、初老性の鬱病にかかり、精神科のクリニックから大学に出講していた時期もあった。蜘蛛膜下出血で倒れたこともあったし、最後は脳腫瘍だった。

ぼくがはじめて先生と出会い、宗教学を学んでいた時期には、先生はまだ活力にあふれ、精力的に研究活動を行っていた。とくに、これは由良先生の場合とも共通するけれど、海外の文献に精通していて、それをよく読んでいた。

ところが、鬱病を発病してからは、そうした面影を潜めていく。知的な活動ができなくなったわけではないし、大学の教授として教育や研究の活動にあたっていた。でも、それ以前を知るぼくなどからすれば、鬱病以降の先生は、半分抜け殻のようなところがあった。

だからこそ、学生であるぼくらの側が、先生の面倒を見ているという面もあった。これは、本にも書いたことがあるけれど、大学院のゼミで、ほとんど意味のわからない先生の発表を、半分不安な気持ちを抱きながら聞いていたこともあった。

けれども、そうしたことがあったからこそ、先生の存在がぼくにとって強く印象に残っている。あるいは、先生が、親鸞のように、ぼくを追い詰めるような問いを出したとしたら、あるいは由良先生のように暴言や暴力をふるったとしたら、ぼくはそのことを生涯にわたって考え続けなければならない状況に陥っていたかもしれない。

それは、ただの平凡な人間では、いくら優秀ではあったとしても、本当の意味では師になれないということを意味しているのかもしれない。常識の枠から外れ、ときには理不尽な振る舞いに及んだり、とんでもないことを言い出したりしなければ、弟子の殻を打ち破ることができない。殻が打ち破られなければ、弟子は常識の世界にとどまり、宗教にしても、学問にしても、それを極めることなどできない。

●オウム真理教事件

もちろん、ぼくがこんなことを考えるようになったのも、オウム真理教の事件が起こったからだった。ぼくは、その事件に関連して個人的にバッシングを受けたのだけれど、それ以来、なぜあのような事件が起こったのか、そのことをくり返し考えるようになった。

一度は、その作業を止めようと考えたし、事実止めたかった。けれども、しだいにそこから逃れるわけにはいかないと考えるようになり、最終的にはこれは一生の課題なのだと覚悟を決めるようになった。

あの事件のなかで、一つ大きな問題が、師と弟子との関係だった。教祖の麻原彰晃は、グルであり、信者たちは、そのグルを崇拝し、その指示に全面的に従おうとした。だからこそ、自分たちが無差別に人を殺すことになることはわかっていても、地下鉄の車内でサリンを撒いてしまったのだ。

ただし、オウム真理教におけるグルと弟子との関係を詳しく見ていくと、たんに弟子がグルを盲信し、それによって殺人の指示に従ったということでは理解できない部分が少なくないことが分かってきた。そこには、ひどく複雑で、説明が難しい関係がある。

その点について、ここで詳しい説明をはじめたら、この本全体を使っても、説明しきれない。だからこそ、関係の中身に踏み込んではいかないけれども、グルの指示や要求が理不尽で不条理なものであればあるほど、弟子はそれに従ってしまったという矛盾した関係があったことは、強調しておかなければならないだろう。

人間は人生を送る上で、師と呼べるような人物に必ず出会うとは限らない。出会う人もいれば、そういう経験をまったくもたないまま、大人になってしまう人たちもいる。

また、師との出会いが、偶然によるものである場合も少なくない。もし、あのとき、あそこにいなかったとしたら、自分は生涯師に出会うことはなかったのではないか。そう思う人だっているだろう。

ただ人生を送るというのであれば、必ずしも師との出会いは必要とはされない。むしろ、師と出会うことで、それまでとはまったく異なる人生を歩むことになったりする。師は、弟子の人生を変える。それがなければ、師は師たり得ない。

師は、必ずしも人格者というわけではない。むしろ、人格者では本当の師にはなり得ないかもしれない。ここまで見てきたように、現実の枠をはみ出したり、それを乗り越えたりする特別な部分をもっていることの方がはるかに重要だ。

その点では、師は崇めるべきものではないし、また、忠実にその教えに従っていればいいという存在でもない。師は、そのときには理不尽な振る舞いを通して、弟子を揺り動かし、普通なら問われることのない問いを突きつける。その問いに答えようとする作業を通して、弟子は、それ以外の方法では得られない何か重要なことを学んでいくのだ。

これは、芸能の世界でもよく言われることだけれど、「師資相承」という考え方がある。これは、芸や特別な知識というものは、師から弟子へと直接伝えられなければ、伝わらないということを意味する。職人の世界で、徒弟修行という方法がとられているのも、高度な職人技は、学校のようなところでは教えられず、弟子が師と生活をともにしながら、直接に学んでいかなければ、修得できないということを意味している。

●宗教組織と一般の組織との類似性

こうした師と弟子との直接的な関係だけなら、そこには、集団は形成されない。つまり、教団などという組織が生まれてくることはないのだ。

師と弟子との関係だけでは、教えは広まっていかない。教えを広めるには、組織が必要になる。オウム真理教だって、教団を組織したし、親鸞の教えを受け継ぐ組織として、本願寺教団が誕生した。その総本山である西本願寺と東本願寺は、ＪＲ京都駅のすぐ目の前にあるけれど、その大きな建物は、いかに本願寺教団が、組織の力によって勢力を拡大したかを示している。

カトリックのように、世界をまたにかけた強大で強力な教団が組織される場合もある。カトリックの教団組織の頂点には、ローマ教皇が位置している。信者は、そうした組織の末端に位置づけられている。

宗教教団の内部というものは、外からはなかなか窺い知れない。その分、秘密めいた組織として警戒されることもある。よく映画などで、宗教教団のことが取り上げられることがあって、ぼくも、それをどう描くのか、映画の制作者から何度か相談を受けたこともある。

そのとき、いつも気になるのは、信者たちがあまりに無個性に描かれている点だ。信者は、教祖や教団のことを無批判に信じ込んでいて、その行動の仕方はパターン化されている。個々の信者に個性などあるようには見えないし、教祖の命令にはいっさい逆らわない。極端に言えば、何かにとりつかれている。そのような描き方がよくなされる。

宗教教団の信者に実際に会う機会が多いぼくのような人間からしてみれば、その描き方はどうしても現実から遊離しているようにしか思えない。信者だって人間で、それぞれが個性をもっているし、いくら信仰があるからといって、教祖から言われたことを、まったく疑問も感じないまま、そのまま実行するわけではない。

ぼくが若い頃に入っていたヤマギシ会は、農業を基盤に理想社会の建設をめざす共同体の運動だ。宗教団体ではないけれど、独特の理念があり、その理念を体得するための研鑽会も用意されている。その点で、宗教団体に近い。

そのヤマギシ会での体験からすれば、メンバーになった人間は、組織の考え方に共感するからなかに入ってきたわけだけど、集団のなかで疑問はいろいろと感じているし、不満も抱いている。決して盲信してしまっているわけではないし、言われたことをそのまま実行するわけでもない。メンバーになることで、悩みや苦しみから解放されるというよりも、むしろ、メンバーになったことで、外の社会では感じることのない新しい悩みや苦しみを抱くことになると言った方がいい。

分かれ道はそこにこそある。これは、ヤマギシ会に限られないことだが、誰だって宗教団体に入っていくときには、大きな期待や希望を抱いている。ところが、しばらくすると、その期待や希望に添わない出来事が起こり、当人は果たしてその団体に居続けていいのか、それを悩む。当然、脱会を考えたりもする。

ぼくは、まさにその段階でヤマギシ会を抜けてしまったのだが、何かそこに、その人間を引き留めようとする力が働いたとしたら、状況は変わってくる。考えに考え抜いた結果、留まることに希望を抱くことができるようになったとしたら、脱会を思い留まることになる。現実的には、異性の存在が大きい。留まるにしても、出るにしても、付き合っている異性がいる世界に行くことが多いのだ。

一度抜けるかどうかを悩んで、それでも留まる道を選んだとしたら、その人間の姿勢は変わってくる。今はその団体にさまざまな問題はあるが、いつかはそれが解決される可能性がある。それに、ここで抜けてしまえば、それまでの努力や苦しみが無駄になる。抜けて問題から逃げても、それだけのことで、ほかに可能性があるわけではない。そういう心境に達することができれば、信仰や信念はより強いものになる。

入会や入信ということをイニシエーションとしてとらえるならば、ぼくはそこに性格の違う2度のイニシエーションがあると思っている。最初のイニシエーションは、劇的だが、まだそれだけでは不十分だ。2度目のイニシエーションを経て、より強固な信念や信仰を確立したとき、本当にその人間は団体のメンバーになったと言える。ぼくは、ヤマギシ会で、その2度目のイニシエーションを経験できなかったのだ。

宗教団体についてあまり知らない人たちが、信者の姿を没個性の信じきった人間として描いてしまうのも、このプロセスが分かっていないからだろう。人間、そんなに簡単に生涯にわたる信仰や信念を確立できるわけではない。組織のなかにいる人間だって、大いに悩み、その苦しみと戦っている。それは、一般の人間が、現実の社会のなかで悩み苦しんでいるのと変わらない。

師という存在が理不尽で不条理なように、組織というものも本質的に理不尽で不条理なものだ。たくさんの人間が集まって作り上げた集団である以上、さまざまな人のばらばらな考えはそう簡単にはまとまってくれない。そこには、対立もあれば、裏切りもある。逆に、宗教団体に入った方が、そうした人間の暗い部分により多く接することになるかもしれない。

ただ、組織ということでは、宗教団体ではない他の組織でも、同じようなことが起こるに違いない。ぼくも、ヤマギシ会のほかに、研究機関や大学という組織に属したことがあり、そこでも組織のもつ特有な問題には何度もぶつかった。誰もが経験する組織としては、学校だって同じだろう。個人が本当に幸せになれる組織があるものなのか。誰だって、その点には疑問を感じているに違いない。

宗教の世界も、人間がそれを作り上げている点で、一般の世界と変わらない。ぼくらは、宗教の世界をあまり特別視する必要もないし、そうすると、認識を誤ってしまうことにもなりかねない。教団という宗教団体を読み解くための鍵は、一般の組織での経験にあるのではないだろうか。

Ⅷ章 聖典

語る者とそれを書き留め、受け止める者

聖典の「機能」に目を向ける

●東洋との出合い

どんな宗教でも、それ特有の教えを説いた聖典が存在している。

キリスト教の聖書がその代表で、「バイブル」ということば自体が、聖典をさす代名詞として用いられる。イスラム教にはコーランがあり、仏教には各種の仏典がある。中国の宗教だと、論語や老子などが聖典になるし、インドでも、ヴェーダやウパニシャドなど、各種の聖典がある。インカのように、文字を知らない社会では、聖典は存在しようがないけれど、おおむねどの宗教においても、何らかの形で聖典が存在している。

ただ、日本の神道になると、聖典と言えるものが果たして存在するのか、その点はかなり微妙になってくる。もちろん、神道の教えについて記した神道書や神道集はあるけれど、よほどの専門家でないと、そうしたものに目を通さない。一般の信者が目を通さない聖典では、信者の生活を律したり、その規範になることがないので、聖典としては考えにくい。ぼくが専門としている宗教学について考えた場合、実は、聖典の研究から学問的な営みがはじまっている。宗教を客観的な立場から、あるいは中立的な立場から研究する宗教学は、近代に入って西欧の社会で生まれることになるけれど、それを刺激したのは、東洋の世界との出会いだった。

西欧の列強は、植民地を求め、そこから利益を得るために、東洋に進出していった。すると現地で、キリスト教とは異なる、あるいはユダヤ教やイスラム教とも違う土着の宗教と出会うことになる。西欧の人々は、自分たちの方が文化的に進んでいると考えていたものの、東洋では古代から連綿と受け継がれる宗教が存在し、今もそれが社会に影響していることを知って、驚いた。そこから、東洋の宗教を研究しようという意欲が生み出され、東洋宗教の聖典の研究がはじまる。

もちろん、聖典を読むためには、そこで使われた言語を理解しなければならない。宗教学は、言語学の発展に支えられながら、その学問的な営みをはじめることになる。したがって、初期に宗教学の研究に従事したのは、言語学を専門とする学者たちだった。

宗教学者たちは、現地の言語を学んで聖典を翻訳し、その上で、内容を理解し、東洋の宗教がどういった教えを説いているのかを明らかにしようとした。

けれども、そこでとても興味深いのが、西欧の学者たちの東洋宗教の受け止め方だった。

ぼくは、前に、フランス語を専門とする大学の同級生と一緒にある本を翻訳したことがあった。その本は、『虚無の信仰』というもので、トランスビューという出版社から出ている。

トランスビューの社長も、実は大学の同級生で、ぼくにその翻訳の仕事が回ってきたのも、オウム真理教の事件以降、なかなか活動の場を得られないぼくに機会を与えるという意味合いも含まれていた。

ただ、内容の面で非常に興味深いもので、翻訳した価値は十分にあったと思っている。著者は、ロジェ・ポル＝ドロワというフランスの研究者で、東洋の宗教についての研究がはじまったばかりの西欧で、仏教という宗教がどのように受け取られたのかを明らかにしたものだった。

著者が指摘するには、西欧の学者たちは、まだ十分に東洋の社会や宗教について正しい把握ができていない段階で、仏教を世にも恐ろしい「虚無の宗教」としてとらえ、その存在を強く恐れたというのである。

ぼくらの感覚からすれば、仏教は、キリスト教やイスラム教に比較して、穏健な宗教だというイメージがある。その点について、著者も、現在の西欧社会では、仏教は穏健な教えを説く宗教として認識されていると述べている。

ところが、仏教という宗教の教えの中身が明らかになってくるなかで、「涅槃」を究極の理想とする仏教は、何も存在しない虚無の世界へと溶け込んでいくことをめざす、恐ろしい宗教として受け取られたのだった。すべてが虚無の世界に溶け込んでしまうなら、そこには救いなどあり得ない。キリスト教とはあまりにも違う発想にもとづく仏教に対して、西欧社会の学者たちは、衝撃を覚え、それを全面的に拒絶し、その存在をひどく恐れたのだった。

なぜそんな誤解が生じたのか。著者は、『虚無の信仰』のなかで、その軌跡を追い、西欧社会が仏教を恐れた理由を明らかにしようとしていく。その謎解きが、翻訳作業を進めていったぼくらにも、とても興味深いものだった。

今から考えると、とてもそんな誤解が生じるなどとは信じられない気もするけれど、異なる社会、異なる文化との出会いは、それが未知なるものであればあるほど、簡単にはいかない。自分たちの常識的な見方が通用しないとき、人は、対象をなかなか受け入れられないものだ。

そもそも、この世界を創造した唯一絶対の神を立てるキリスト教と、決してそうした存在を立てない仏教とでは、根本的な差異がある。その差異にはじめて気づいたとき、人は愕然とし、差異を乗り越えがたいものとしてとらえてしまうのだ。

それでも、さらに聖典の研究が進められ、その内容や背景が正確に伝えられるようになってくることで、理解は進んでいった。今では、仏教を虚無の宗教として恐れる人はいない。

聖典の構造というものを考えてみた場合、それは大きく二つに分けることができる。

一つは、神のメッセージを直接記した聖典である。コーランがその代表だけれど、旧約聖書の場合にも、預言者などを通して神のメッセージが伝えられたことが、そのなかに記されている。

もう一つ、それとは異なるものが、神のメッセージを伝える媒介者の役割を果たすようになった開祖や教祖のことばや振る舞い方を記した聖典である。イスラム教には、預言者ムハンマドの言行録としてハディースが編纂されている。新約聖書の「福音書」も、イエス・キリストの言行録である。

この二つのうち、どちらに分類していいのか、迷うのが仏典の場合だ。「如是我聞」ということばではじまる仏典は、仏のことばを直接記したという点では、前者に近いように見えるが、仏はあくまで人間であって、神とは異なる。そう考えると、仏典は仏の言行録ではないかという見方も成り立ってくる。

日本でも、宗教学が伝えられた初期の時代には、さかんに聖典の研究が行われたし、今でも、さまざまな宗教について聖典の研究は続いている。ぼくなんかは、勉強する機会も動機もなかったので、サンスクリット語もパーリ語も、あるいはアラビア語もヘブライ語もできないけれど、そうした古い言語を学んで聖典を細かく読んでいくのが、宗教学の一番オーソドックスなやり方なのではないかと思うときもある。

●信仰者＝研究者が多い

生きた宗教に関心があるぼくの立場からすると、聖典そのものよりも、その聖典に対して、人間の側がどういう態度で臨むのかとか、聖典の役割にはどういうものがあるのかといった方に関心が向く。

たとえば、これはある機会があって、考えてみたことがあるのだけれど、同じ聖典についての研究であっても、対象とする宗教によって、研究者の姿勢も大きく違っている面がある。

一番すっきりしているのが、イスラム教やユダヤ教、あるいはヒンズー教の聖典を研究する場合だ。最近では、イスラム教の研究者は増えてきたけれど、他の宗教の場合にはそれほど数が多いわけではない。それは、ここにあげた宗教が、日本人にとって、仏教やキリスト教ほどなじみがなく、かかわりが薄いからだろう。

それを反映して、日本には、イスラム教徒も、ユダヤ教徒も、ヒンズー教徒も、あまり存在していない。日本人に限定すれば、なおさらで、信者の立場からそれぞれの宗教を研究している人間は、数えるほどしかいない。

話をイスラム教に限ろう。日本人のイスラム教の研究者は、ほとんどがイスラム教の信仰をもっていない。つまり、多くの研究者は、信者としてではなく、あくまで客観的な立場に立つ第三者として研究をしている。その分、対象とする宗教に対して客観的な立場を取りやすい。

それはまた、研究者の立場と、その研究内容に目を通す一般の読者の立場が共通しているということを意味する。したがって、イスラム教の研究は、分かりやすい。コーランについての研究でも、あくまで客観的にそれを扱っていて、信仰臭さは感じられない。

その対極なのがキリスト教の場合だ。キリスト教について研究するには、別にキリスト教徒でなければならないという規則があるわけではない。誰がどういう立場で研究しようと、それは自由なはずだ。

にもかかわらず、日本のキリスト教の研究者は、ほとんどがキリスト教の信仰をもっている。自発的に信仰を獲得し、洗礼を受けたという人間もいるし、親から信仰を受け継いだという者もいる。あるいは、信仰をもっておらず、洗礼は受けていないという研究者でも、信仰者に限りなく近い立場に立っていたりする。ぼくは、信仰の立場にまったく関係をもたないキリスト教の研究者に会ったことがない。

そこには、イスラム教徒の場合とは異なり、日本の社会には、一定の数のキリスト教徒が存在していることが影響している。キリスト教徒の割合は、人口の1パーセントにも満たないけれど、研究者を志すようなインテリ階層にキリスト教徒は多い。

そのために、キリスト教を研究するのはキリスト教徒だということになってきたのだろう。そうなってくると、キリスト教徒でない人間が、キリスト教の研究をしにくくなる。必ず、信仰のない人間には、その宗教の本質は分からないという議論が出てくるからだ。

だったら、イスラム教徒でない人間には、イスラム教の研究はできないという話にもなってくるけれど、現実にイスラム教の信仰をもつ研究者は少ないので、そうした批判は起こらない。

それは、キリスト教に限らず、宗教を研究する人間が直面しなければならない事態でもある。宗教を信仰する人々には、信仰のない人間には自分たちの宗教の本質的な部分は理解できないという思いがある。信仰の立場からではない宗教学の研究は、所詮本質を理解することのできない底の浅いものにならざるを得ない。信仰者は、どこかにそうした感覚をもっている。ぼくらが、ことあるごとにそうした批判を受けるわけではないにしても、そこにはやはり溝がある。

その点は、かなり難しい事柄だけれども、宗教学の研究を進める上では避けて通れないことだ。それに、このことはそれほど単純なことではない。

その点は改めて議論をしなければならないけれど、キリスト教について研究するのが、ほとんどキリスト教徒であるということは、影響としては大きい。それは、ぼくなどからすると、何とか打ち破らなければならない壁であるような気もしている。

ある聖書学の権威がキリスト教について述べた文章を読んだことがあるけれど、いきなりその文章は、信仰告白からはじまっていた。いかに自分が、キリスト教の信仰を得ることで、人生における大きな転換を果たしたかがつづられていたのだ。これは、イスラム教の研究者の文章にはないことだ。

そうした立場からの研究には、信仰上の情熱がこめられている。けれども、その分、客観性は失われていく。少なくとも、イエス・キリストは絶対的な存在として、崇拝の対象になっている。なかには、「人間イエス」の姿を明らかにしようと、等身大のイエス像を描こうとする研究者もいるが、イエスを特別な存在としてとらえている点は変わらない。

一番それがはっきりとあらわれているのが、聖書の翻訳だ。最近一般的に使われる聖書の翻訳は、カトリックの教会とプロテスタントの教会が協力してその作業にあたった「新共同訳」というものだ。

その翻訳を読んでいくと、ぼくはどうしても抵抗を感じてしまう。旧約聖書の預言者たちについては、敬語が用いられていないのに対して、イエス・キリストにだけは、敬語が用いられているからだ。

「イエス様」とまでは訳されていないが、訳文にはそうした雰囲気が漂っている。それは、信者にとっては理解できるものかもしれないけれど、信仰のない外部の人間には抵抗がある。原文にはそのニュアンスはないはずだ。

この点が影響しているのだと思うけれど、キリスト教徒でない人間が、キリスト教とはどういう宗教なのかを学ぼうとして、それを学ぶことのできる的確な入門書を見つけることは難しい。ぼくはまだ、そういうものに出会ったことがない。

果たしてこれでいいのだろうか。そう思うことも少なくない。もちろん、キリスト教の信仰をもっている研究者でも、学問をやっているわけだから、多くの人は信仰を前面には出さず、客観的な立場で説明を加えようとしている。

でも、周囲の研究者は、同じようにキリスト教の信仰をもっている。そのなかで活動してくると、どうしたって、研究に信仰が影響を与える。それでは、キリスト教の信仰をもたない一般の人との間の溝は埋まらない。

聖書だって一つの古い書物に過ぎない。それは、キリスト教徒にとっては絶対的な価値をもつ聖典かもしれないが、信仰をもたない者からすれば、聖書だけを特別視する必要もなければ、理由もない。

あるいは、キリスト教の信仰の立場からではない、キリスト教の入門書や聖書の入門書を書く作業は、ぼくなどに任されているということなのかもしれない。いつかそういう仕事をする機会がめぐってくるかもしれないとは考えている。

最後に仏典の場合だけれど、これはいささか複雑だ。その扱い方は、コーランの場合とも違うし、聖書の場合とも違う。

仏教の研究を行おうとする人間自体は、ほとんどが何らかの形で仏教の信仰をもっている。僧侶の人も多いし、実際に僧侶として活動していなくても、僧籍をもっている人たちが、仏教の研究を志す。

そのなかには、自分が属している宗派の開祖やその教え、教団の歴史などを研究する人たちもいる。どちらかと言えば、そうした人の方が多い。これは、信仰の立場からの研究ということで、「宗学」と呼ばれる。これは、キリスト教で言えば、「神学」に当たる。

もちろん、歴史的なところになると、信仰をもたない歴史学者が、開祖や教団の歴史を研究する場合がある。仏教は日本の歴史のなかで、さまざまな形で重要な役割を果たしてきたので、歴史研究では重要な意味をもっている。けれども、歴史学者は、教えや信仰の部分に深く入り込んでいくわけではない。

その点では、それぞれの宗派のことになれば、事情はキリスト教についての研究と似ている。それでも、日本人全体が仏教に関心をもっているので、キリスト教ほど、その研究が信仰の立場からのものに限定されたりはしない。仏教の開祖のことになれば、小説家なども、その生涯を小説にしたり、評伝を書いたりする。その点では、キリスト教とは随分事情が違う。

●本当の釈迦の教えとは?

仏典のことに話を戻すと、もう一つ対象になるものとして、「原始仏典」というものがある。これは、漢訳のものでは阿含経典と呼ばれるものだけれど、一時、この原始仏典の研究が盛んに行われた。というのも、原始仏典のなかには、釈迦のオリジナルな教えが含まれているのではないかと考えられたからだ。

日本に伝えられた仏教は、大乗仏教だ。仏教の流れには、大きく分けて部派仏教と大乗仏教がある。部派仏教は小乗仏教とも呼ばれ、主に東南アジアに広まった。タイやスリランカ、ビルマに伝えられた仏教で、パーリ語で記された仏典が聖典となっている。

大乗仏教の方は、部派仏教よりも後に発達した仏教で、その教えは各種の大乗経典に記されている。華厳経や般若経、法華経や涅槃経がその代表だ。大乗仏教では、どの経典を教えの核にすえるかで、宗派が分かれることとなった。日本だと、奈良の南都六宗からはじまって、天台宗に真言宗、浄土宗、浄十真宗、曹洞宗、臨済宗、日蓮宗などが生まれた。大乗仏教の経典も、皆、「如是我聞」という形式ではじまる。でも、もちろんのこと、大乗仏典に記されている釈迦の教えは、実際に歴史上の釈迦が説いた教えではない。後世になって創作されたもので、その教えの内容も、当初のものからははるかに隔たっている。

そこで、本当の釈迦の教えは何なのか。それを探ろうという試みが、原始仏典の研究に行き着いた。「福音書」から、イエス・キリストの直接の教えを導き出そうとするように、原始仏典から、釈迦の教えを直接導き出そうとしたのだ。

原始仏典の研究は、仏教学でも行われたし、宗教学でも行われた。そこには、西欧の学界における動向も影響していたし、開祖本人のオリジナルな教えに最大の価値をおこうとする点で、キリスト教学の影響も受けていた。

仏典の場合、なかには中国や日本で作られたものもあって、そうしたものは通常「偽経」と呼ばれる。偽の経典ということだ。けれども、大乗経典などは、釈迦が亡くなってから、はるか時間が経過してから作られたもので、偽経と言っても間違ってはいない。だからこそ、開祖の教えに戻ろうとする試みが、学問の世界でもなされるようになったわけなのだ。

日本で原始仏典の研究をした人間のなかには、僧籍をもつ人たちが少なくなかった。ただそれは、必ずしも信仰の立場からの研究とは言い切れない。僧籍にある以上、仏教の信仰はもっていても、原始仏典に説かれている釈迦の教えと、それぞれの研究者が属している宗派の教えとでは根本的に違う。インドの宗教の影響を受け、実体的なものを認める密教の教えなど、オリジナルな釈迦の教えとは根本が違う。

開祖のオリジナルな教えに決定的な重要性を与えるなら、大乗仏教そのものが成り立たない。それは、開祖の教えを歪めた偽の教えということにもなってしまう。かといって、原始仏教の研究者が、研究を進めるなかで、オリジナルな教えに還ろうとして、自分たちの宗派の教えを捨てたような例はない。

ただし、釈迦の場合、本当にどういった教えを説いたのかということになると、究極的にはそれが明らかになったとは言えない。釈迦自身は何も書き残していないし、経典はどれも釈迦の死後かなり後になってから編纂されたものだ。同時代の資料というものも存在しない。釈迦の生涯など、ほとんどが伝説や神話である。

●学問としての日蓮

実はぼくは、ここ数年にわたって、日蓮宗の開祖である日蓮が書き残した文書を読み続けている。日蓮の場合には、釈迦とは異なり、直筆の書物や書簡が数多く残され、それが聖典にまとめられている。日蓮宗では、そうしたものは「遺文集」と呼ばれる。

その遺文のなかには、日蓮直筆のものも含まれれば、写本でしか残されていないものも含まれている。問題は後者で、写本のなかには、その内容や経緯から考えて、偽書と思われるものも少なくない。

ぼくは、ある勉強会に出て、そこで遺文集を読み進めているのだけれど、そこで使われているテキストは、日蓮直筆のものと、かつてそれが存在したことが明確なものだけが収録されている。それだけでも、900頁以上あって、勉強会では5年半かかって半分まで読み終えた。

もっとも、後半になると、それほど重要な文書は含まれていないので、勉強会のペースも上がっている。だから、全部読み終わるまでに10年はかからないはずだ。それでも、これだけ長い間、一人の開祖の書いたものを読み続けていくというのは、大変だけれど、得難い体験になっている。

そうした勉強をしていくと、日蓮という一人の宗教家のなかで、どういった思想の変化があったのかが実によく分かる。日蓮という人は、相当の理論家で、初期の文書は高度な体系性を備えているけれど、彼は、たんに学問として仏教を学ぶことに満足せず、現実に積極的にかかわろうとした。

それによって、批判を受け、伊豆と佐渡へ二度にわたって流される。とくに、佐渡には最初真冬に送られたので、相当に苦労したようだ。その苦難のなかで、なぜ自分が迫害を受けなければならないのかを考え抜き、自分が正しい信仰をもっているがゆえに迫害を受けるのだという結論に達する。

果たしてその結論が正しいものなのか、評価は難しいけれど、そこから、日蓮の新たな思想的な展開がはじまり、最後には、日本の仏教の流れ全体を問題にしようとする。ぼくはまだ、そこまでは読み進めていないのだけれど、日蓮の思想的な変化には、必然性があったのではないかと考えている。

ぼくは、日蓮を開祖として信仰しているわけではないし、日蓮が説いたように法華経を絶対視しているわけでもない。あくまで学問として日蓮を学んでいるつもりだ。

けれども、5年半も付き合えば、その内面世界の変化がよく分かるようになってくる。そうしたことは、日蓮だけではなく、他の開祖たちにも同様に起こったことだろう。あるいはそこから、釈迦の生涯をもう一度考えてみたとしたら、これまでとは違う聖典の読み解きができるようになるかもしれないのだ。

Ⅸ章

偶像と宗教施設

予断を突きくずす秘仏とモスク

イスラム教は神道である

●ゆるキャラを生み出す文化的余裕

最近ぼくは、「ゆるキャラ」に関心をもっている。つくづくそれは不可思議なものだと思うのだけれど、関心をもったきっかけは、ゆるキャラについて取材を受けたことによる。正確には、取材を受けられなかったことによると言うべきかもしれない。

取材の内容は、平城遷都１３００年記念事業のマスコットキャラクターが決まったときの騒ぎをめぐってだった。当初、事業協会が決めたキャラクターに対して、気持ちが悪いとか、仏像に鹿の角を生やしたようで仏さまを侮辱しているのではないかという声が上がった。その点について、どう思うのか、コメントを寄せてほしいというのが取材の内容だった。

それは、テレビ局からの電話取材で、ぼくは、携帯に電話が入ったときにそれをとれなかった。それで、放送時間のことがあり、取材自体はお流れになったのだけれど、ぼくはそのときたまたま奈良にいたので、そのことが強く印象に残った。

そこから、やがて「せんとくん」と名前が決まる平城遷都のキャラクターに関心をもつようになったのだけれど、考えてみると、こうしたゆるキャラというものは、日本にしかないものなのではないだろうか。

せんとくんの作者である彫刻家、藪内佐斗司氏は、鹿の角の生えた童子だと説明している。童子は、藪内氏の作品に頻繁に登場するモチーフだ。けれども、その顔はどう見ても、仏像を連想させる。ふくよかな顔からすれば、東大寺の大仏が一番似ている。

もし、仏教が偶像崇拝を禁止する宗教だったとしたら、せんとくんなどとんでもないという話になってくる。藪内氏や事業協会には、熱心な信仰者から厳しい批判が寄せられ、それは社会的な事件に発展する可能性だってあるはずだ。

当初、反対の声が強かったせんとくんも、しだいに認知され、反対派が作り上げた「まんとくん」や「なーむくん」とともに、奈良観光の宣伝に一役かっている。それにつれて、仏さまを侮辱しているなどという批判はほとんど聞かれなくなってきた。せんとくんは、すっかり受け入れられてしまったのだ。いつの間にか受け入れられるというのも、いかにもゆるキャラらしい。

せんとくんたちの他にも、ゆるキャラの元祖である国宝・彦根城築城400年祭のキャラクター、「ひこにゃん」をはじめ、全国にさまざまなキャラクターが誕生している。

もちろん、どの国にもマスコットキャラクターはいるけれど、「ゆるいマスコットキャラクター」を意味するゆるキャラは、独特なものだ。命名は、みうらじゅん氏だというが、ひこにゃんにしても、せんとくんたちにしても、ゆるキャラという呼び方にふさわしく、事業のイメージを一身に体現しているという緊張感など無縁で、それに接する人の気持ちをなごませている。手軽に癒しを与えてくれるからこそ、ゆるキャラなのだろう。

ゆるキャラが生まれ、それが許容され、さらにはそれが愛されるのは、日本には、確固とした伝統的な文化が存在し、それが揺るぎないものになっているからだ。ちょっとやそっとでは揺らいだりしないので、余裕が生まれ、宗教や信仰にかかわるものを冒瀆している可能性があっても、あまりそれが問題になってこないのだ。

せんとくんたちには、奈良が平城京になってからの1300年の歴史があるし、ひこにゃんにも築城以来の400年の歴史がある。ずっと日本に住んでいるぼくらは、400年と聞いても、さらには1300年と聞いても、それをあまり長いとは感じないのかもしれないけれど、これだけ文化が連続している国というのは、実は世界でも珍しいのだ。

●日本という国の連続性

日本という国がいったいいつからはじまるのか、その年月を正確に定めることは難しいけれど、国としてのまとまりをもってから、日本は他国に侵略されることもほとんどなく、今日に至っている。しかも、日本語という言語は、さまざまに形を変えながら、古代から現代まで受け継がれてきている。

以前、ぼくはベトナムに調査旅行に行ったことがある。訪れた村の入口には門があって、そこには漢字で村の名前などが記されていた。ベトナムは、かつては中国の影響を強く受け、漢字文化圏に属していた。

ところが、現在では、漢字はまったく使われなくなり、村の人々は、それを読むことができない。ぼくらは、文章の内容までは正確に把握できなかったけれど、漢字を読むことだけはできた。村の人が読めなくて、ぼくらが読めるというのは、何だか不思議な気がした。

ベトナムは、現代に入っても、世界史の激動のなかに巻き込まれ、文化的に影響を受ける国が次々と変化してきた。そのため、知識階級が使う外国語が、その人間の年齢によって違うという事態が起こっている。フランス語を使う人間もいれば、ロシア語や英語を使う人間もいた。これでは、文化の連続性を保つことなどできない。

『源氏物語』は、今からおよそ1000年前に書かれた小説で、あれだけの複雑な内容をもつ小説がその時代に書かれたこと自体驚異的なことだけれど、現在でもそれが読み継がれていることだって、そうめったにあることではない。

優秀な高校生なら、それを原文で読める。1000年前の文学が今でも生きている。ぼくらは、それを格別意識することがないけれど、他の国のことを考えれば、あり得ないことなのだ。

ゆるキャラも、そうした文化の連続性の上に生まれたものだけれど、日本人ははるか昔から、偶像というものに強い関心をもってきた。

縄文時代の土偶や弥生時代の埴輪も偶像のなかに含まれるし、仏像はまさに偶像だ。最初、朝鮮半島を経由して日本に仏教が公式に伝えられたとき、経典などとともに仏像が伝えられた。それは、手に持つことができるような小さな金銅仏だったようだが、そんなものを見たことがなかった当時の天皇は、その美しさに魅惑され、それで仏教を積極的に取り入れるようになっていった。

最初は、日本に仏像を作れるだけの技術などなかった。そこで、朝鮮半島や中国から持ち込まれたり、そうした地域から来た仏師たちが日本で制作にあたったのだけれど、やがて日本人自身が仏像を制作するようになっていく。

朝鮮半島や中国でも、仏教が盛んに信仰されていた時代には、やはり数多くの仏像が作られていった。それは、主に石像や塑像だった。ところが、日本では、石像はほとんど作られず、銅像や漆を使った乾漆像などが作られていった。

その結果、飛鳥時代から天平時代まで都があった奈良地方には、相当な数の優れた仏像が残されることとなった。平安時代に入ると、都は京に移り、それにともなって、奈良での仏像の制作は下火になるけれど、鎌倉時代に入ると、奈良の寺院を復興させる動きが生まれ、そのなかで新しい仏像も制作された。

鎌倉時代にその制作に当たったのが、運慶や快慶といった慶派の仏師たちだった。これによって、奈良は、仏像の都になった。奈良は、今、世界遺産にも指定され、有数な観光地になっているけれど、仏像を拝観するためにそこを訪れる人は少なくない。季節を問わず、奈良を訪れると、修学旅行の生徒たちや団体旅行の人たちを含め、どの寺でも観光客、拝観者の姿を数多く見かける。

●弾丸古寺巡礼

昔の自分もそうだったけれど、中学生や高校生がどこまでそうした寺や仏像の価値を分かっているかは疑問だ。あまり興味がなさそうに、足早に通り過ぎていく生徒たちもいる。彼らにとっては、ディズニーランドやＵＳＪ（ユニバーサル・スタジオ・ジャパン）の方が、はるかに楽しめるのかもしれない。

でも、そうした生徒たちのなかには、法隆寺や薬師寺の建物や塔を見て、自分でもこうしたものを建ててみたいと考え、宮大工の道を志す者もいる。法隆寺の金堂などは、最古の木造建築だ。その価値が分かる若者もいるわけで、その点では修学旅行も捨てたものではない。

奈良の古い寺を訪れるとき、和辻哲郎の『古寺巡礼』を携えている人もいることだろう。ぼくも一度、宗教美術を調べるために奈良の寺々を回ったとき、『古寺巡礼』をガイドブック代わりに使ったことがある。

和辻が、『古寺巡礼』を書くために奈良を訪れたときには、10日ほどかけて回ったようだ。彼は、友人と今ではクラシックホテルの一つとして名高い奈良ホテルに泊まり、ときには車も使いながら、寺院の建物や仏像を拝むための巡礼を試みている。そのとき和辻はまだ20代で、将来の進路に迷いを感じていた。その点で、『古寺巡礼』という本は、ただの奈良の古寺訪問記ではなく、今流に言えば、「自分探し」の本だった。

ぼくが、その『古寺巡礼』を携えて奈良を回ったとき、和辻が行ったところは、ほぼすべて回った。興福寺の阿修羅像や、聖林寺の聖観音像などは、和辻は奈良の帝国博物館、今の奈良国立博物館で見ているけれど、ぼくは、皆現地で見た。

そのときは、車を使ったし、交通事情は和辻の時代よりはるかに便利になっていたはずだ。その点で、単純に比較はできないけれど、ぼくは、わずか3日で全体を回った。立ち寄ったところは、20数カ所にのぼった。

そんなに急いで見たら、じっくり味わえないではないかと思う人もいることだろう。あまりに性急なと、顔をしかめる人もいるかもしれない。優れた仏像に相対するなら、じっくりと時間をかけて回り、その余韻を楽しむくらいの余裕があった方がいい。

それは、たしかにそうなんだけれど、ぼくは、この「弾丸古寺巡礼」と名づけた旅を通して、学んだこともあったように思っている。とにかく短期間に集中して、奈良にある主だった仏像をすべて見ることで、仏像の都としての奈良の全貌を一挙につかむことができたのではないかと思うのだ。

ぼくは、浴びるように仏像を見続けることで、至る所で圧倒され、感銘を受けた。夕方になると、拝観できなくなってしまうため、朝早くから寺々を訪れた。とくに重要だと思った法隆寺と薬師寺には拝観時間の前に到着し、開門と同時に入ったけれど、そのすがすがしさは忘れられない。まだ団体客は訪れていない。人出のまだ多くない境内に足を踏み入れ、仏像たちにゆっくりと相対する。それは、かなり貴重な体験だった。

もっとも、東大寺の戒壇院を訪れたときには、一日の終わりの方で、集中力が途切れていたのか、有名な四天王像を見たはずなのに、そこを出たら、その記憶がまったくといっていいほど残っていなかった。後日再訪し、改めて確認しなければならなかったけれど、優れた宗教美術に一気に接するという体験ほど充実したものはない。それ以降も、いろいろな所を訪れてはいるけれど、弾丸古寺巡礼以上の充実感は得られていない。

●写真と実物の違い

ぼくがそんな、ある意味無謀な旅を試みたのは、『日本宗教美術史』（芸術新聞社刊行予定）の本を書くためだった。もちろん、弾丸巡礼で訪れたところのなかには、すでに立ち寄ったことのある場所もかなり含まれていた。

でも、ただ拝観するのと、文章に書くために訪れるのとでは訳が違う。それに、昔見たものは、見たということだけは覚えていても、記憶は曖昧で、それについて書く上ではまったく役に立たない。

写真で失われた記憶を喚起するという手もないわけではないし、なかには、秘仏になっていて、見ることがかなわないものもある。そうしたものは写真ですまさなければならないけれど、そうなると、書くときに、自信がもてない。本当に、そういうものなのか、自分のなかに確信がないと、筆は進まない。曖昧だと、嘘を書いているような気になってしまうのだ。

浄土教美術の項目を書いているとき、中尊寺の金色堂のことにふれなければならなくなった。もちろん、昔そこは訪れたことがある。写真だっていくらも出ているし、ビデオで確認することもできる。

けれども、たまたま福島の郡山で講演する機会があったとき、足を伸ばして、平泉まで行ってみた。郡山から中尊寺のある一ノ関まではかなり遠い。ついでにという感じでもなかったけれど、とにかく金色堂を見て、ほかにはどこにも立ち寄らず、新幹線で帰路についた。

怖いのは、写真から受ける印象と、実物から受ける印象が違うことがあるという点だ。たとえば、密教の仏像の代表に、大阪観心寺の如意輪観音像というものがある。立て膝をついた観音様が、からだを斜めにしている有名な仏像で、仏像関係の本の表紙などではその写真が載せられていることが多い。

一般的には、この如意輪観音像は、官能的と説明される。たしかに、写真で見ると、なまめかしい感じがする。

この仏像は秘仏で、一年に一度、4月17日と18日にしか開扉されない。ぼくは、それを確認せず、一度無駄足を踏んだことがある。それでも、この仏像について書くなら、一度は見ておかないといけないと考えていた。そこで、なんとか時間をやりくりして、観心寺を訪れた。

訪れてみると、「やっぱりそうか」と思った。実際に見た如意輪観音像には、官能的なところはなかった。むしろぼくは、そこに慈悲のこころというか、母性のようなものを感じた。写真だと、陰影がつき、それが官能的な雰囲気に結びつくのだと思うのだけれど、実物だと、陰影のもつ怪しさがないのだ。

もちろん、同じものを見たとしても、人によって受ける印象が同じとは限らない。実物の如意輪観音像を見ても、やはり官能的と感じる人がいるかもしれないけれど、少なくともぼくには、実物と写真には開きがあるように思えた。こうしたことがあるから、実物を拝まないわけにはいかないのだ。

フィールドワークや現地調査は、データを蒐集するために行うのだけれど、やはり一番大切なポイントは、直にそれに接するということにある。宗教が対象である以上、なかには、接することが難しいものもある。非公開の儀式なども少なくないし、信者でなければ体験できないものもある。

それでも可能な限り、実際のものに接したい。ぼくのなかには、そうした気持ちが強くある。

●あるモスクでの啓示

訪れてみないと、分からないのは、仏像だけではない。

たとえば、日本の仏教とはまったく反対に、偶像崇拝を禁止するイスラム教の世界では、

「モスク」という宗教施設が重要な役割を果たしている。イスラム教が広がった地域では、各地に立派なモスクが建てられている。キリスト教が中心のアメリカにおいてでさえ、最近では各都市に巨大なモスクが作られている。

ぼくらの感覚では、モスクというのはキリスト教の教会に近いものとして受けとっている。実際、トルコのイスタンブールにあるアヤソフィアなどは、元はキリスト教の大聖堂として建設されたものが、改築され、モスクに転用された例だ。

けれども、ぼくは、モスクをキリスト教の教会と同じものだと考えてしまうと、イスラム教という宗教を理解できなくなってしまうのではないかと考えている。

実は、東京にも立派なモスクが存在している。それが、代々木上原にある東京ジャーミイだ。このモスクは小田急線の線路沿いにあるので、電車でそこを通りかかると、車窓からもよく見える。

今では覚えている人も少ないかもしれないけれど、昔も同じ場所にモスクがあった。今の東京ジャーミイは、新しい綺麗な建物だけれど、前のは戦前に建てられた古い石造りのモスクだった。

そのモスクを建てたのは、ロシアで革命が起こったあと、共産主義の社会から逃れてきたトルコ系の人々だった。トルコでは、国民のほとんどがイスラム教徒だ。

そのモスクは老朽化し、建て替えられた。トルコは、厳格な政教分離が行われている国なので、モスクの建設に国が費用を出すわけにはいかず、国民から広く浄財を集めて、建設が行われた。

ただ、建てたのはトルコ人でも、そのモスクを利用しているのは、ほとんどが他の国のイスラム教徒で、トルコ人はむしろ少数派らしい。

ぼくの妹の主人がトルコ人なので、何度かそこを訪れたことがあるけれど、その美しさには目をみはる。モスクは、いつも開放されていて、イスラム教徒でなくても、見学はできる。

最初に東京ジャーミイを訪れたとき、責任者に案内をしてもらったけれど、一番印象的なのは、ここには神聖なものはなにもないという説明だった。

たしかに、偶像崇拝を禁止するイスラム教だけに、モスクのなかには、神の像などないのはもちろん、神聖と思われるようなものはまったく見当たらなかった。

ただ一つ、神聖なもののように見えたのが、「ミスラーブ」という壁の窪みだった。イスラム教では、メッカのカアバ神殿のある方角を「キブラ」と言い、信者たちはそちらの方に向かって礼拝を行う。そのため、方角を示すミスラーブが必要になるのだけれど、それはただ方角を示すだけのものであって、ミスラーブに特別な価値があるわけではない。美しいタイルで作られているので、神聖なもののようにも見えるが、重要なのはそれが正確にメッカの方角を示しているという点だ。

モスクは装飾も決して華美ではない。これも、偶像崇拝が禁止されているため、絵が掲げられたり、壁に何か絵が描かれることもない。使われるのは、青い色をした装飾タイルだけで、他には、コーランの文句を記したアラビア文字が壁に記されているだけだ。

たしかに、モスクのなかには、神聖なものは何一つない。それは、仏像などが数多く安置された仏教の寺院とも異なるし、十字架が掲げられるキリスト教の教会とも異なる。

そうしたことは、実際にモスクを訪れ、自分の目で見てみないと、なかなか実感をもって理解することができない。本のなかに「モスクのなかには神聖なものなどない」とただ書かれていても、強く印象に残ることもない。もっとも、実際にそう書かれている本はないかもしれない。ぼくにはその記憶がない。

ぼくは、モスクに神聖なものがないことを実際に自分の目で確かめて、それによって、イスラム教が、仏教ともキリスト教とも性格を異にするものであることを改めて認識した。

神聖なものがないのは、モスクのなかだけに限られない。イスラム教という宗教の世界においては、そもそも神聖なものなど存在しない。イスラム教では、聖と俗との間の区別などないのだ。

キリスト教では、聖と俗とは厳格に区別されている。「神の物は神に、カエサルの物はカエサルに」という有名なことばがあるけれど、それは、神による神聖な世界と、世俗の権力によって支配される世界が異なるものであることを意味している。

宗教家にしても、キリスト教では、出家する。カトリックの神父や修道士、修道女は、終生誓願を立てて、生涯独身を貫き、神に仕えることを約束する。東方教会でも、上の位の司祭は出家だ。だからこそ、彼らは「聖職者」と呼ばれる。

ところが、イスラム教では、聖と俗との世界が分かれていないので、出家ということもないし、聖職者も存在しない。以前、イラクで日本人が人質になったとき、その解放に、イスラム教の聖職者という人が一役買ったけれど、それも、聖職者ということばを使うのは正確ではない。宗教的な指導者ではあっても、出家しているわけではなく、俗人で、実際家族もいた。

仏教でも、僧侶は出家で、聖職者と俗人とが区別されている。けれども、世界の宗教のなかで、出家の制度が確立されているのは、キリスト教のカトリックと東方教会、それに仏教だけで、他の宗教では、出家などという制度は存在しない。ぼくら日本人は、仏教とキリスト教が宗教として身近なので、他の宗教も同じようなものと考えてしまいがちだけれど、実は、この二つの宗教は特殊で、むしろ一般的なのは、聖と俗とを区別しないイスラム教の方なのだ。

そうしたイスラム教のあり方が、モスクという宗教施設にも反映されているわけだけれど、もう一つ、重要な点は、モスクを訪れ、そこで礼拝に参加するイスラム教徒たちは、そのモスクに所属しているわけではないという点だ。

キリスト教だと教会に集ってくるのは、その教会のメンバーだ。仏教寺院の檀家もやはりメンバーだ。ところが、モスクではメンバーシップが確立されておらず、礼拝の時間には、近くにあるモスクに行けばいいということになっている。その点でも、モスクは礼拝所なのだ。

おそらくそれに一番近いのが、日本の神社だ。神社には氏子というメンバーがいることにはなっているけれど、地域に住んでいれば、皆氏子と見なされるので、厳格なメンバーとは言えない。実際、ぼくらは、各地を訪れた折、地元の神社を訪れて礼拝する。有名な観光寺院だと拝観料をとられるけれど、神社では基本的にそんなものはとられない。誰が訪れてもかまわない礼拝所だからこそ、神社は万人に開放されている。

この点については、他の本にも書いたけれど、ぼくは、イスラム教という宗教は基本的に神道だと考えている。神道では神を祀る際には、精進潔斎し、身を清める必要があることを強調しているけれど、その感覚はイスラム教でも強い。予言者ムハンマドの言行録、ハディースに書かれていることのほとんどは、神に礼拝する際に、いかに身を清めるかということなのだ。

ぼくは、キリスト教と仏教を除いて、世界の宗教は基本的な構造が似ていて、皆、神を祀る神道なのだと考えている。そのことは、それぞれの宗教の施設を訪れてみれば実感できるはずだ。

東京ジャーミイを訪れることで、すぐにぼくの頭のなかに「イスラム教神道説」が思い浮かんだわけではないけれど、何度かそこを訪れなかったら、そうした説には至らなかったのではないか。東京ジャーミイには、身を清めるための洗い場が設置されているのも目にした。

とにかく足を運ぶ。宗教を読み解くための一歩はそこにある。ぼくは、宗教美術を研究するために、各地の寺社を訪れたとき、この研究で一番重要なのは石段を登ることなのだと気づいた。

寺社を訪れ、仏像やその他の宗教美術を見るために、どれだけの数の石段を登ったことだろうか。山奥の寺ともなれば、本堂にたどり着くまでの石段の数は半端ではない。もうたどり着いたのかと思って、平になった先を見たら、さらに石段が続いているようなことも珍しくなかった。

とくに、京の神護寺の石段は忘れられない。この寺では、かなりの国宝を所蔵しているが、普段拝観できるのは、本尊の薬師如来像だけだ。それが分かっていても、行かないわけにはいかなかったのだ。

Ⅹ章

聖地

伏見稲荷大社と天理教会本部の〝異様〟

訪れてみて初めて実感する場所

●観光地化していない聖地

聖地は訪れるべき場所だ。

訪れてみない限り、聖地が何かを知ることは難しい。

世界各地には、さまざまな聖地が存在している。聖と俗との分離が明確でない宗教もあって、そうした宗教に聖地が存在するのかどうかは議論にもなってくるけれど、ここでは、聖地の意味を広く取りたい。多くの信者たちが訪れ、祈りを捧げる場所なら、そこは聖地だ。

ただし、聖地に行けば、必ず神聖さを感じるかと言えば、そうではない。ぼくは、これまで多くの聖地を訪れてきたけれど、正直、あまり神聖さを感じられないところもあった。

たとえば、日本の神道の中心と言えば、伊勢神宮である。伊勢神宮の内宮と外宮は、20

年に一度建て替えられる「式年遷宮」で名高い。ぼくらの感覚からすれば、20年という期間は少し短い気もする。けれども、前回の遷宮の際に、「火焚きの翁」という役をされた山折哲雄氏がぼくとの対談で語っていたのは、神宮の内部はもうそのときボロボロになっていたということだった。その点で、遷宮の際には、古い神が死んで再生するという感覚があるというのだ。

そんな神聖な儀式を行う伊勢神宮ではあるけれど、普段そこを訪れてみると、神聖さを感じることはかえって少ない。なにしろ、そこを訪れる人たちの大半は、半分観光気分で、参拝している。もちろん、社殿の前にたたずめば、皆厳かな気持ちにもなってくるのだろうけれど、全体の雰囲気からは、あまり聖地という感覚を受けない。

参拝をすませた人たちは、最近整備が進められた「おかげ横丁」に向かう。そこには、茶店や土産物店などがあり、まさに観光地になっている。昔も、はるばる伊勢神宮への参拝をすませた人々は、古市にある遊郭に出かけていった。一生に一度は「お伊勢さん」に参るべきだという観念があって、それでやってくるわけだけれど、伊勢参りと個人の信仰ということとは、必ずしも強い結びつきをもってはいないようだ。

これは、伊勢神宮に限られないことで、観光地化している聖地の場合には、どこでも同じような感覚を受ける。なかには、真剣な気持ちで、そうした場所を訪れる人もいるだろうけれど、その場全体の雰囲気が、真剣さを引き出すようにはなっていない。

逆に言えば、そこを訪れる人たちの気持ちが真剣なものであれば、聖地としての神聖さが生まれてくることになる。

その点で、ぼくが強く聖地の感覚を受けるのが、京都にある伏見稲荷大社だ。全国には、おびただしい数の稲荷が祀られていて、人々の信仰を集めているわけだけれど、その総元締めが、この伏見稲荷大社である。

ぼくが、伏見稲荷大社のことを意識するようになったのは、銀座の街で調査を行った経験があったからだ。銀座は、江戸時代からの繁華街で、小さな祠や屋敷神が今でも祀られている。誰でも簡単に接することができるのが、デパートの屋上にあるもので、主だった銀座のデパートには、何らかの神仏が祀られている。

ぼくは、現代になっても、しかも、銀座という日本の繁華街の中心で、そうした古くからの信仰が守り継がれていることに興味をもち、それで、大学の後輩と一緒に、調査をはじめた。さまざまな資料にあたって、現存する小祠をリストアップし、それを順番に訪れていったのだ。

宗教学の調査と言えば、新宗教の教団や、規模の大きな祭、それに村の宗教などが対象になることが多い。その点で、繁華街での調査は勝手が違った。調査に疲れたら、ちょっとお茶をして気分転換をはかり、また調査に臨むことができるからだ。

その調査を通して一つ明らかになったのは、銀座で祀られている小祠の大半が、稲荷だということだった。8割から9割が稲荷で、ほかの神仏が祀られているケースはごく少数だった。江戸時代には、江戸に多いもののたとえとして、「伊勢屋、稲荷に犬の糞」などとも言われていたけれど、まさに、稲荷こそが、江戸の庶民の厚い信仰を集めていたのだ。

そうした稲荷を現在でも祀り続けている銀座の人たちの話を聞いてみると、伏見稲荷大社のことがよく話のなかに出てきた。正月には、必ず初詣に伏見まで出かけていくという人もいた。もちろん、商売繁盛や家内安全を祈願しにいくわけだけれど、わざわざ時間を割いて出かけていくほど、伏見稲荷大社は信仰を集めている。ぼくは、それで伏見稲荷大社に関心をもつようになったのだ。

京都に行ったおり、ぼくは伏見まで足を伸ばし、はじめて伏見稲荷大社を訪れた。ただ、参拝するだけでは、ほかの神社とは変わらない。それでも、観光地という雰囲気はなく、拝殿の前で祈りを捧げている人たちの姿からは、真剣なものを感じた。

稲荷は、最初は、穀物神として崇拝の対象になっていたけれど、やがて商売の神として厚い信仰を集めるようになる。江戸のような都会には、商売をして生活を成り立たせているような人たちが大量に生み出された。商売は、うまくいけば大儲けができるけれど、反対に失敗すれば、借財を抱えることにもなりかねない。そうした状況のなかで、神仏に頼りたいという願望も生まれる。その支えの役割を一手に集めたのが、稲荷だったわけだ。

稲荷の使いと言えば、狐である。稲荷社の前には、狐の石像が立っていることが多い。なぜ、狐が稲荷と結びついたのか、いろいろな説が出されていて、稲荷の別名である御饌《みけ》津《つ》神が三狐神と誤ってつづられるようになり、そこから狐が登場したというのが定説のようになってはいるけれど、これも、後からのこじつけであるように思える。

おそらくは、狡猾というイメージがある狐ならば、その抜け目のなさによって商売をうまく進めてくれると考えられたのではないだろうか。少なくとも、狸では、商売が繁盛するようには思えない。

伏見稲荷大社の門前にある店では、稲荷の置物が数多く売られていた。これを、稲荷社に奉納するのだ。もう一つ、稲荷と言えば、千本鳥居が有名だ。稲荷社には、おびただしい数の鳥居が奉納される。参拝者は、真っ赤に覆われた参道を進み、稲荷に参拝することになる。

ただ、そこまでなら、十分に予想されたことだった。

伏見稲荷大社の本殿の背後には、稲荷山がある。標高はわずか233メートルで、山というより、小高い丘と言った方がいいかもしれない。その稲荷山に足を踏み入れて、ぼくは、自分が想像もしなかった世界にまぎれこんでしまったのを感じた。

稲荷山にも、至る所に真っ赤な千本鳥居が立ち、鳥居のミニチュアが狐の置物とともに奉納されていたけれど、何より目を引くのが、林立する石碑だった。それぞれの石碑には、「白菊大神」や「末廣大神」といった神名が記されている。こうした石碑は、「お塚」と呼ばれ、稲荷山全体で、一万基を数えると言われる。あるいは、それ以上だという説もあり、実態は正確には把握されていない。

神名を記した石碑が林立する光景自体が異様だけれど、さらに、あたりからは、「般若心経」やそれの変形である「稲荷心経」という短い経を唱える声が聞こえてくる。線香も焚かれ、雰囲気はおどろおどろしい。伏見稲荷大社は神道で、仏教とは分離されているはずが、ここでは、神仏分離以前の信仰の形態がそのまま生きていた。

これは、低俗な土俗信仰、もっぱら現世利益を目的としたご利益信仰に過ぎないという見方もあるかもしれない。たしかに、そこには高尚な教えもなければ、洗練された儀式もなければ施設もない。

けれども、稲荷山に入り、そこで祈りを捧げている人たちはひどく真剣で、その世界に入り込んでいる。そもそも、無数の石碑を立てた人々の情熱には激しいものがある。なかには、毎日新聞社が立てた「毎日大神」というものもあった。ぼくが立ち寄ったときにはなかったけれど、1996年には、新日本麻雀連盟の手によって「阿佐田哲也大神」なる石碑も立てられている。作家の阿佐田哲也は、今神として祀られているのだ。

ぼくは、この稲荷山があまりに珍しい場所なので、イギリス人の有名な宗教社会学者夫妻に京都見物をしてもらう役割を与えられたとき、迷わずそこに案内した。夫妻は、見たこともない光景に驚いていたが、その世界は、一般の聖地を訪れていてもめぐりあえないものだ。

稲荷山には、強力な信仰の磁力が働いているように思えた。それがなければ、無数の石碑は生まれないだろうし、その信仰が維持されることもない。もちろんそれは、表に出され、誰にでもすぐにふれられるものにはならない影の信仰かもしれない。けれども、ひっそりと奥に隠れている分、人間の真実を示しているようにも思える。少なくともぼくは、伊勢神宮より、この稲荷山の方が、はるかに聖地らしい聖地だと考えている。

ぼくが、もっとも聖地らしい場所として、もう一つよく訪れるのが、奈良県天理市にある天理教の教会本部だ。

●天理の「ぢば」

奈良を訪れた折、天理市を通りかかり、天理教の建物が至る所に建っている光景に接したことがあるという人は少なくないだろう。天理市は、市の名前が天理教に由来しているわけで、まさに天理教の宗教都市だ。教会本部は、その中心に位置している。

教会本部は、24時間開かれていて、いつでも、そして誰でも訪れることができる。信者でなければ入れてくれないなどということはない。まったく関係のない人間でも、なかに入ることはできる。もし、これから近くに寄る機会があったとしたら、ぜひとも教会本部のなかに入ってほしいと思う。

一日に二度、午前11時と、午後5時は集団での礼拝の機会になっている。その日、教会本部の周辺にある詰め所と呼ばれる信者用の宿泊施設に滞在している信者たちが、礼拝のために訪れる。

とにかく、教会本部の建物は巨大だ。なかには、畳が敷き詰められているけれど、その枚数は3157畳にも及んでいる。6畳の部屋にしたら、500部屋以上できる。

教会本部の周囲には、回廊が巡らされていて、それを歩いてみると、本部の裏にある教祖殿や祖霊殿などにも行くことができる。ここも自由に通行できるので、信者でなくても、訪れることができる。

イスラム教のモスクだと、信者たちは皆、メッカの方向であるキブラに向かって礼拝をすることになるけれど、天理教の場合には、皆教会本部の中心に向かって祈る。中心には、「ぢば」と呼ばれる場所があり、その中央には、「かんろだい」という石組みの台が立っている。そして、ぢばの上に、屋根の中心があるのだけれど、そこはぽっかりと四角に切り取られ、外の空がのぞいている。雨が降れば雨が降り込み、雪が降れば雪が降り込む。

ぢばは、漢字に直せば、「地場」となる。実はそこには、重大な意味が込められていて、このぢばは、人類が発祥した場所であるとされている。

もちろんそれは、天理教の信仰であって、信仰をもたない人間は、ぢばから人類が生まれたとは考えない。天理教には、人間が泥の海から生まれてきたことを物語る創造神話があって、そこでは、人類の創造の過程がつづられている。

ぢばが、人類の発祥の地であるのならば、天理の街は、人類全体のふるさとということになる。実際、天理駅には、「お帰りなさい」という看板が掲げられているけれど、それは、天理を訪れる人々が、自分たちが生まれた元々の場所を訪れるものと考えられているからだ。

この話を聞いて、何をバカなと思う人もいるかもしれない。天理で人類が誕生したことについて、科学的な証明がなされているわけではないし、その証拠もない。いわば、天理教が勝手にそれを主張しているだけだ。

けれども、ふと、教会本部を訪れ、集団での礼拝時間でなくても、一人で真剣に祈っている信者の姿を見ると、こちらもおごそかな気持ちになってくる。天理教では、礼拝をする際に、「あしきをはろうて、たすけたまえ、てんりおうのみこと」と唱えながら、おてふりをする。信者たちは、ぢばに向かって、おてふりをすると、深く頭を下げて、教会本部を去っていくけれど、その雰囲気は真剣だ。

集団での礼拝の時間ともなれば、時期によって、その人数はかなり変わってくるけれど、多いときには、広い礼拝場を埋め尽くすほどの信者たちが集まってきて、皆でいっせいに神楽にあわせておてふりをする。ぼくも、そうした機会には、おてふりを真似てみる。

長い回廊にしても、いつもぴかぴかに磨き上げている。天理教では、奉仕活動のことを「ひのきしん」と呼んでいて、回廊が磨き上げられているのも、そのひのきしんのお蔭だ。たとえば、白い足袋やソックスを履いて、回廊全体を歩いたとしても、足袋やソックスは少しも汚れない。それほど、丹念に回廊は磨かれている。

教祖殿には、天理教の開祖である中山みきが祀られている。天理教の信仰では、みきは、本来115歳の寿命を与えられていたけれど、その寿命を25年縮めて亡くなり、その分、人々の救済にあたっているのだとされている。そして、みきは、肉体は失ったけれど、その魂は、教祖殿に永遠に留まっているとされている。

したがって、教祖殿には、一日に三度食事が供され、季節ごとには衣替えもなされている。これは、高野山の弘法大師の場合とそっくりで、あるいはその影響なのかもしれないけれど、この信仰が確立されることで、天理教は、教祖の死という危機を乗り越えることができた。

●高野山、伊勢神宮、遍路

ほかにも、日本には、さまざまな聖地が存在している。今ふれた高野山も、聖地の一つだ。空海が開いた高野山は、真言宗の総本山で、密教の修行を行う僧侶たちにとっては、厳しい修行の場になっている。

ぼくは一度、真冬に高野山を訪れたことがある。南海電鉄の高野線は、高野山に近づいていくと、しだいに電車の速度がゆっくりになり、深さを増していく山のなかを、幾重にも曲がりながら進んでいく。そんな電車に乗っていると、自分が日常とは異なる異界に向かって進んでいるような気になってくる。

しかも、電車をケーブルカーに乗り換えて、高野山の上にたどりついてみると、あたり一面銀世界で、雪は深かった。高野山の堂宇は、どれも雪に覆われている。宝物館などは、暖房などまるでしていなくて、室温はわずか1度だった。

ぼくは、修行僧でもなければ、修行をしに来たわけでもなかったけれど、雪深い高野山で修行を続ける僧侶たちは、自分たちが、下界からはるかに隔絶され、まったくの別世界で修行しているような感覚に襲われるのではないか。修行のなかには、水行もあり、水をかぶったり、氷の張った池のなかにつかって、経文を唱えるといったものもある。

聖地と水とは、フランスのカトリックの聖地、ルルドの泉の例にも見られるように、かなり密接な関係をもっているけれど、高野山の水は、冬は冷たく、それが修行には役立つようになっている。

高野山は、四国遍路との結びつきが強い。四国の八八箇所の霊場をまわる四国遍路は、弘法大師が祀られている高野山の奥の院を訪れて、それではじめて完結するという考え方もある。

聖地は、ただそこに存在しているだけではなく、多くの人を引き寄せる場所でもある。聖地があれば、必ずや巡礼という行為が生まれる。

伊勢神宮には、伊勢参りという慣習があるし、天理教の場合でも、「おぢば帰り」という行事がある。学校が休みのときには、子どもだけが対象になった「子どもおぢば帰り」というイベントも開かれている。

どんな神仏を信仰の対象としていたとしても、遠く離れた場所で信仰しているだけでは、人は満足しない。神仏の祀られた聖地を訪れることができるなら、なんとかそこに行きたいと考える。

伊勢神宮の場合には、近世になると、一生に一度は伊勢参りをしたいという願望が庶民の間に生まれ、参拝を助けるための相互扶助の組織として「伊勢講」が生まれた。伊勢講では、そこに加わった講員たちが皆で金を貯め、まとまった金ができると、くじ引きなどをして、参拝する講員を決めた。その講員は、講全体を代表して参拝することになる。

今の社会なら、クレジット・カードもあるし、分割払いのシステムもある。けれども、それがない近世の社会では、庶民が寄り集まって、金を出し合うしかなかった。こうしたやり方は、イスラム教のメッカ巡礼の場合にも見られる。今話題の「イスラム金融」は、実はこのメッカ巡礼のための資金集めがもとになっている。

江戸時代には、ほぼ60年の周期で、大量の人たちが、勝手に仕事を休んで、居場所を離れ、集団で伊勢神宮に参拝する「おかげ参り」が幾度となく流行した。その数は、200万人とも、400万人とも言われるから、大変な数だ。ときに、巡礼という行為は、人々から熱狂した気持ちを引き出すことになる。

ぼくはまだ、四国巡礼に出掛けたことはない。霊場のうち、いくつかの寺を訪れたことはあるけれど、全体をまわったことはないし、まして、遍路姿になって、歩いて遍路をしたことがない。

それも、実際にやってみれば、意味のある体験になるのかもしれないけれど、やはりそこには、遍路をしなければならないという強い気持ちがなければならないのではないかと思う。追い詰められ、何とか突破口を求めていながら、それがまったく見えてこないといったせっぱ詰まった気持ちにならないと、なかなか遍路に出ようとは考えない。

ぼくが、四国遍路ということで、いつも思い出すのは、映画の『砂の器』だ。この映画がはじめて封切られたのは、１９７４年のことで、もう35年も前のことになる。ぼくは、封切り直後にはじめてこの映画を見たけれど、それ以来幾度となく見ている。どこかの映画館で上映されれば、出掛けてしまうし、テレビで放送されれば、必ずといっていいほど見てしまう。

この『砂の器』は、松本清張の推理小説が原作になっていて、原作では、離れた地域での方言の類似性が推理の重要な鍵を握っているのだけれど、映画でもっとも印象に残るのが、最後の四国遍路の光景だ。実は、原作では、遍路のことについては詳しいことはほとんど述べられていない。ところが、映画では、子ども時代の主人公が父親と行った遍路の様子が、四季折々の景色を背景に、延々と続いていく。ぼくが、この映画をくり返し見てしまうのは、このシーンがあるからだ。

主人公と父親が遍路に出なければならなかったのは、父親がハンセン氏病にかかってしまったからだった。その時代、ハンセン氏病は、「癩病」と呼ばれ、原因が明らかになっていなかったため、患者は激しい差別にさらされた。その差別から逃れるために、彼らは遍路に出るしかなかったのだが、一般の人が通る道を通ることもできず、多くは、野垂れ死んでいったようだ。

映画のなかで、主人公はある村の親切な巡査に救われ、専門の施設に収容されることになるのだけれど、この当時は、ハンセン氏病は感染すると信じられていて、収容施設は離島に設けられていた。

現在、四国遍路をする人たちは、たいがいは、こうした病を抱えているわけでもないし、救いようのない貧困にあえいでいるわけではないだろうけれど、昔は、社会から捨てられた人々の最終的な行き場でもあった。『砂の器』からは、そうした行き場のなさの感覚が強く感じられてくる。そこには、ぼくらが決して忘れてはならない事柄が示されているのではないだろうか。

聖地は、日常の世界とは隔絶された場所である。けれども、聖地に引き寄せられる人間は、日常の世界のなかで悪戦苦闘し、ときには厳しい差別や貧困と闘っている。聖地を訪れたからといって、すぐにそうした境遇から逃れられるわけではない。けれども、聖地のもつパワーが、人を励まし、それを得るために、ぼくらは何かあれば、聖地を訪れることになる。

その聖地のパワーは、自然に生み出されてくるものではなく、長い年月にわたる人々の信仰の積み重ねが生み出したものである。ぼくは、聖地を訪れるたびに、そのことを考えるのだ。

XI章

宗教学

あらゆる人間の営みを宗教としてとらえる試み

宗教の〝内部〟を経験した研究者として

●新しい宗教の研究へ

ぼくは宗教学者を名乗っている。名詞には、何の肩書きも入れてはいないけれど、本のプロフィールには、文筆家、宗教学者と入れることが多い。

若い頃に、将来の自分が宗教学者になるとは、まったく考えていなかった。だいたい、宗教学の存在を知ったのは、大学に入ってからのことで、大学で宗教学を学ぶようになるとは、高校時代には予想もしていないことだった。

ぼくは、恩師の授業を通して、「イニシエーション」という考え方を知り、その魅力に引かれて宗教学への進学を考えるようになったのだけれど、そこには時代の状況も深くかかわっていた。

ぼくは1953年の生まれで、大学に入ったのは1972年のことだ。1972年と言えば、札幌オリンピックが開かれた年だけれども、もっとも記憶に強く残っているのは、連合赤軍の浅間山荘事件だ。ぼくは、受験勉強の最後の仕上げをしている段階で、テレビを通してこの事件を見た。

翌年の秋には、「オイル・ショック」も起こる。その点では、激動の時代だった。50年代の半ばから続いた高度経済成長の時代が、大きな曲がり角に差しかかっていたからだと考えていいだろう。

大学では、60年代の終わりに巻き起こった大学紛争の嵐が過ぎ去ろうとしていた。それでも、学生運動、政治運動に関心をもつ学生は少なくなかった。反体制的な運動も、引き続いて一定の支持者を集めていた。

学問の世界でも、それまでとはまったく違う傾向の試みや方法論が模索され、そのなかには魅力的なものが少なくなかった。とくに、人類学や社会学でその傾向が強く、ぼくも高校時代からそうした新しい動向に関心をもっていた。

ぼくの恩師となる柳川啓一先生は、ぼくが出会ったとき、40代の終わりに差しかかっていたけれど、新しい学問の動向には強い関心を向けていて、海外の文献にはよく目を通していた。その学問的な研鑽は、授業にも反映されていた。だからこそぼくは、柳川先生の教える宗教学に関心をもった。そこには、最先端の学問がある。宗教学に進学した本当の理由は、そこにあったと言えるのではないか。

けれども、宗教学科に進学したからといって、将来、宗教学の研究者になろうとは考えなかった。大学院への進学も考えなかった。宗教学の研究室では、宗教学の道を進んでも食えないと言われていたし、おそらく、ぼくの場合には、身近に研究者の道を歩んだ人間がいなかったことが影響していた。父親はただのサラリーマンだ。

だから、もしヤマギシ会に入り、そこを出ることがなかったとしたら、大学院に進むこともなかったに違いない。大学院の修士課程に進んだのも、ほかに行き先がなかったからでもある。修士に進めば、奨学金も貸与される。ぼくは、とりあえずの避難場所として大学院を選んだ。その段階でも、学者になろうとか、大学の先生になろうとか、そういう将来像はあまり抱いていなかった。

まさにそのせいなのだけれど、修士のときにコミューンの問題を研究し、修士論文を書き上げてしまうと、ぼくは、研究すべきテーマを見失ってしまった。

博士課程には5年いて、そのあいだには、一方では、ゼミで村の宗教の調査を行った。また、宗教と医療との関係について注目し、医療宗教学という新しい領域を開拓しようなど考えたこともあったけれど、結局は、医学の厚い壁に阻まれ、研究は途中で頓挫してしまった。

これは、ぼくだけに訪れることではないと思う。研究者が、つねに研究のテーマを見出していくということは、案外に難しいことだ。社会的に求められているテーマであったとしても、自分に直接のかかわりがなければ、関心をもてないし、すべてをそれに賭けることもできない。中年になって、研究テーマを見失い、論文も書けなくなる研究者はいくらでもいる。

ぼくの場合、30代のはじめに、文部省の研究機関である放送教育開発センターというところに就職することができ、それで、研究テーマを見失ったという危機を回避することができた。

放送教育開発センターは、千葉県幕張の放送大学の隣りにあり、放送教育や遠隔教育の研究を目的としていた。ぼくは、そこにいた5年半の間、もっぱら放送教育や遠隔教育の研究に従事した。テレビジョン学会や電気通信学会などでも研究発表をした。

それはそれで興味深いことで、今の自分に役立っていることも少なくない。けれども、宗教学の研究に直接役立つわけでもなく、放送教育開発センターにいた時代には、宗教学の研究はそれほど進まなかった。

●生の宗教に触れたい

ぼくが、ふたたび宗教学の研究を本格的にはじめるのは、日本女子大に移ってからのことだ。大学で宗教学を教えることになったことが大きいけれど、それ以上に、社会的な環境が、ぼくをその方向にむかわせた面が強い。バブルの時代からその崩壊直後、「宗教ブーム」ということが言われ、オウム真理教をはじめ、幸福の科学や統一教会、あるいは宗教に類似した自己啓発セミナーなどが注目を集め、流行した。

ぼくは、必ずしもそうした新しい宗教の動向を絶えず観察していたり、調査していたわけではないのだけれど、オウム真理教について文章を書いたのがきっかけで、そうした集団を研究するようになっていった。

ただ、その段階では、研究といえるほど、細かなデータを集めていたわけではないし、本格的な調査をしていたわけでもない。その点では、研究というより、評論といった方がいいのかもしれない。けれども、時代は宗教をめぐって激しく動いていた。さまざまな形で発言の機会が与えられることで、ぼくは新宗教の研究者として社会的に認知されるようになっていった。

そこには、ヤマギシ会での体験が生きていた。ヤマギシ会は共同体を作り、メンバーはそこで生活を送っている。その分、閉鎖的で、その内部は外部からはなかなか窺い知れない。そうした集団を経験することで、ぼくのなかには、他の宗教学の研究者にはない視点が確立されていた。少なくとも、一度、内部の世界を経験した研究者というのは、非常に珍しい存在だった。

しかし、逆に言えば、それは研究者としての危うさをもつということを意味する。宗教団体の内部を知っていることで、その世界に近い立場から観察を行ったり、発言したりすることになる。そうなると、外部の人間からすれば、それが宗教寄り、教団寄りのものに受け取られることがある。ぼくが、オウム真理教の事件をめぐってバッシングを受けたのも、そうしたことが一つの要因になっていた。

そもそも、新宗教という対象は、まだ社会的な評価が定まっていない。ときには、「カルト」と呼ばれ危険視されることもある。教団の側も、成長期にあって、過激な主張を展開したり、社会的に見れば、秩序を脅かすような活動をすることもある。オウム真理教のような事件は、そうめったに起こるものではないにしても、その教団がアクティブで、社会と衝突しているものであれば、研究自体難しい。むしろ、客観的な立場からの研究は不可能だと言える。

やはり、学問の王道は、文献研究だろう。宗教学の対象からすれば、古い宗教の聖典を研究することが、もっとも学問の名にふさわしいものではないか。ぼくにも、その感覚はある。そのためには、すでに使われなくなった古いことばを学習し、その上で古典に臨まなければならない。

それは理解できるし、その意義を否定するものではないけれど、一度、宗教の現場というか、生の宗教にふれてしまうと、はるか時代を隔たった宗教の聖典を読んで、その教えの世界を解明していくことに意味を見いだすことは難しくなってくる。何のために、すでに消滅した宗教や教えを研究しなければならないのか。そんな疑問に苛まれることになる。

柳川先生が、東大を定年になる前、文部省から資金をもらって、東南アジアに視察旅行に出たことがあった。その旅行のなかで、先生は、カンボジアのアンコールワットの遺跡も訪れたようだったが、帰国後、そうした古代の遺跡にはあまり関心がもてなかったと語っていた。先生に関心があったのは、むしろ、東南アジアの都市の賑わいだったらしい。

その感覚は、弟子であるぼくにはよく分かる。たとえそれが猥雑で低劣なものであったとしても、生きた宗教でなければ関心をもつことができないのだ。

●生涯をかけた仕事

宗教の世界は奥が深い。いくらそれを究めようとしても、究め尽くすなどということはほとんど不可能だ。それに、宗教が人間の人生とかかわりをもっているものである以上、年齢が若いと、まだそれを十分に理解することができない。どうしても、表面をなぞっていることにしかならない。年齢を重ね、人生と苦闘し、さらには死の世界に近づいていかないと、分からないことがある。

その意味では、宗教を研究するということは、生涯をかけた仕事になるし、むしろ年齢を重ねないと、本当の意味での宗教学の研究はできないのかもしれない。理科系の学問だと、若くないと新しい発見はできず、ある程度年齢が上になってしまうと、壁にぶつかり、他の方面で頑張るしかなくなると言われる。数学などは、その際たるものらしい。

人文社会科学でも、「若者論」などを研究の対象としていたとしたら、年を重ねるにつれて、対象との距離が広がり、対象を理解することも難しくなっていくのではないだろうか。少なくとも、若さにあふれた対象を追うだけの活力や気力を維持することが難しくなってくる。その点、宗教が対象なら、そうしたことは起こらない。

ぼくは、あるときこのことに気づいた。宗教学を研究しているかぎり、生涯仕事にあぶれるということはないのではないか。オウム真理教の事件を契機に大学を辞め、仕事がほとんどない時期を経験してきたぼくにとっては、この発見は大きかった。

事実、年を重ねるにつれて、仕事は増えている。学校時代の同級生で、企業に勤めている人間は、50代半ばになれば、定年を意識するようになるけれど、ぼくには、まだまだ自分はこれからだという感覚がある。むしろ、50代では宗教を語るには若すぎるのかもしれない。宗教について本質的なことが言えるようになるのは、70代、あるいは80代に入ってからなのではないだろうか。

●日本は宗教学にうってつけの場所

日本という国は、宗教学の研究を進めるには格好の国だ。宗教のなかでは、仏教と神道からもっとも大きな影響を受けているけれど、他に、儒教や道教の影響もあるし、キリスト教の影響もある。ヒンズー教は、仏教などを通して間接的に影響している。一番影響がないのがイスラム教だけれど、最近になると、日本に滞在するイスラム教徒の数も増えたし、海外で接する機会も増えた。

日本では、さまざまな宗教が、現状においては衝突することなく、混在し、共存している。さらに、古くからの宗教が今日にまで伝えられている点も大きい。多くの国では、外来の宗教が入ってくることで、土着の宗教が一蹴されてしまったり、すっかり取り込まれてしまうといった現象も起こるが、日本では、古い宗教がそのまま今日にまで受け継がれている。それは、宗教の環境として特別なことなのだ。

戦後の宗教学の中心にあった岸本英夫という宗教学者は、日本は「宗教の博物館」だという言い方をしたけれど、それは、こうした事態をさしてのことである。

さまざまな宗教がそのまま受け継がれているからこそ、宗教学という学問も成り立つと言える。これがもし、イスラム教の世界だとしたら、宗教学のように、あらゆる宗教を相対化して見ようとする試みは、成り立ちにくい。宗教学の試み自体が、イスラム教を冒瀆するものとして受け取られる可能性が高い。

それは、キリスト教の世界でも同じだ。先進国では、信教の自由が確立され、宗教を客観的な立場から研究しようとしても、それだけで迫害を受けることはない。けれども、キリスト教の力があまりに強く、社会の隅々にまで浸透してしまっているために、キリスト教を相対化して見ることが難しい。そうなると、他の国や他の地域の別の宗教を宗教学の立場から研究することはできても、自分の国のキリスト教については、客観的に見ることができないのだ。

その点で、ぼくがやっている宗教学の立場は、日本でしか成り立ちにくい特殊なものということになる。ぼくは、極端なことを言ってしまえば、宗教学は日本でしか成り立たないと考えている。それだけ宗教をめぐる環境が日本と外国とでは異なっている。

日本では、一つの宗教が支配的でないために、自分は「無宗教」だと公言しても許される。日本人の言う無宗教は、無神論でもなければ、宗教否定でもなく、むしろさまざまな宗教を同時に信仰の対象とするために一つに対象を絞れないことによるものだけれど、無宗教という環境がなければ、宗教学の試みは社会的に認められないことだろう。

宗教学に近いことばとして、「宗教研究」というものがある。日本の宗教学者の集まりである日本宗教学会の会報も、『宗教研究』というタイトルになっているのだけれど、厳密には、宗教学と宗教研究とは異なっている。

宗教研究という言い方は、宗教を対象としたあらゆる研究について使うことができる。仏教を対象としても、イスラム教を対象としても、一般に宗教として認められている対象が選ばれているかぎり、それは間違いなく宗教研究だ。したがって、神学だろうと、宗学だろうと、信仰の立場からの研究も、そのなかに含まれる。

けれども、宗教学には、基本的に信仰の立場からの研究は含まれない。自らの宗教を正しいとした上で、その宗教を客観的、中立的に研究することは難しい。特定の信仰をもっている人間が、自分の信仰対象とする宗教を研究しようとすれば、どうしても、それを評価する観点を捨て去ることができない。もし、評価を捨ててしまえば、自らの信仰を捨てることにもなってしまう。

宗教学が、あらゆる宗教を客観的、中立的な立場から研究しようというのであれば、研究者自らの宗教や信仰ということも問題になってこざるを得ない。それは、信仰者には困難な試みだ。

●経済も政治も宗教からとらえ直す

さらに言ってしまえば、宗教学は、あらゆる現象を、あらゆる人間の営みを宗教としてとらえる試みだとも言える。

たとえば、これは今日の世界では、非常に大きな問題になっているわけだけれど、経済学の世界では、あらゆる問題は市場が解決してくれるという立場がある。「神の見えざる手」という言い方で、そうした市場の合理性を評価する考え方もある。

昨今の事態は、実は市場には神が不在だったことを示しているわけだけれど、市場に神の見えざる手が働いているというとらえ方は、証明することができない特殊な前提に立ったもので、その点では、宗教が主張する究極の真理と変わらない。その前提や真理を正しいものとして信じる人間がいるからこそ、その論理が通用するわけで、証明不可能な前提や真理は、ある意味、妄想にしかすぎないことになる。

ぼくは、少し前に『宗教としてのバブル』（ソフトバンク新書）という本を書いたことがあるけれど、バブルなどという現象は、まさに信仰の産物だ。地価や株価が永遠に上がり続けるなどということに、まったくの根拠はなかったものの、現実にそうした事態が続いていたため、人々は、土地や株価は絶対に下がることはないとして、そのことを強く信じ、無謀な投資を行った。

最初はそこから利益が上がるので、地価や株価は上がり続けるのだということをいっそう確信してしまう。けれども、投資によって価格が上昇したのであれば、どこかで投資の資金が尽き、崩壊に向かわざるを得ない。まさにこれは、「ネズミ講」と仕組みは同じなわけだけれど、多くの人が信じることによって、あたかもそれが本当のことのように思われてしまうのである。

この本が出た後に、金融恐慌が起こり、世界中の人々がバブルに踊っていたことが明らかになった。バブルがはじけた後、冷静になって考えてみれば、いかに投資が無謀なものであったかが分かる。

最近では、皆、それがバブルで、いつか崩壊することが分かっているのだけれども、うまくやれば、そこで大儲けができるので、バブルをできるだけ膨らませ、それがはじける寸前のところで資金を引き上げようとするようになってきた。それが、バブルの拡大に拍車をかけ、莫大な損失を生むことになった。

その意味で、ぼくは、経済の領域も、現代では宗教学の対象として見ていく必要があると思っている。経済学は、合理的な経済人の存在を前提に、その上で理論を組み立てようとするけれど、実は、合理的な経済人など存在しないのだ。むしろ、特殊な前提を信じたり、その前提の上に行動する信仰者の群れが経済を動かしている。宗教学の考え方を取り入れなければ、今日の経済現象の本質を見ていくことはできないのではないだろうか。

政治の領域だって、似たところがある。民主的な制度が確立され、民主主義が浸透すれば、国民は合理的な判断を下すようになり、正当な選挙を通して選出された議員は、国民の声を聞きながら、現状に合った政策を立案し、それを実行に移していくものと考えられてきた。

ところが、現実は、少しもそうした方向にはむかっていない。むしろ、「劇場型政治」などという言い方が生まれ、政治家は、国民の支持を得るために、演劇的なパフォーマンスに頼るようになってきた。そうなると、政策で訴えるよりも、有権者の感情に訴える方が効果がある。

こうした政治の現状を見ていると、やはり、宗教学の出番は少なくないように思える。選挙なども、政策に訴えるのが本筋だとは言われるものの、実態はまるで違う。名前を覚えてもらうことが第一で、選挙活動にも儀礼的な側面が見られる。

少し前に、日本の選挙について取材した『選挙』という映画が話題になったことがあるけれど、この映画の監督は、東大の宗教学の後輩だった。政治を儀礼として見るのは、やはり宗教学ならではの視点だろう。

しかも、小選挙区制の導入で二大政党制が定着しようとするなかで、キャスティングボートを握ってきたのは、創価学会という新宗教を主な支持基盤とし、宗教政党として出発した公明党なのだ。公明党を研究するには、やはり創価学会の信仰を理解しておかなければならない。その点でも、宗教学の認識は政治の領域を理解するためにも役立つはずだ。

ぼくが、宗教学を学びはじめた時代には、宗教学の一番の課題は、「世俗化」ということだった。現代の社会において、宗教の力が衰退していることが前提とされていて、そうした状況のなかで、いかに現代人が自分たちの生活を律していくのか。その際に、宗教に代わって、宗教的なものがどう機能することになるのか、それが課題で、「市民宗教」や「見えない宗教」といった観点をとることが提唱された。

ところが、オイル・ショックが起こり、さらにはイランでイスラム革命が起こることで、しだいに宗教をめぐる状況は変化を見せていった。宗教が決して過去の遺物ではなく、現代の世界を動かす決定的な要因であることがしだいに明らかになり、宗教の重要性は確実に増した。

もちろん、先進諸国では、世俗化が依然として進行しているけれど、そうした国にも、数多くの移民が入ってきており、彼らは、国を離れることで、かえって宗教を軸にまとまろうとしている。宗教を背景としたテロや宗教対立の問題もあり、現代世界を語る上で、宗教を無視することができない状況が生まれている。

グローバル化の進展も、宗教の重要性を増すことに貢献している。グローバル化が進めば、国家の重要性は必然的に低下する。そうなると、人々は何に頼ればいいのか。そのとき、宗教が浮上せざるを得ないのだ。

宗教は、人類の誕生とともに生まれた。宗教の存在しない国もなければ、民族もない。あらゆる社会には、何らかの形で宗教が存在し、そのあり方に多大な影響を与えている。そして、宗教は、いったんは衰退したように見えても、その種火は消えておらず、少しでも事態に変化が見られれば、途端にその力を回復していく。

宗教の重要性が増してくれば、それを研究対象とする宗教学の重要性は増してこざるを得ない。しかも、経済や政治の領域とも深くかかわりをもつようになったことで、昔よりも、宗教を研究することは難しい事柄になりつつある。たんに宗教を見ているだけでは、その本質をとらえることができなくなってきたのだ。

宗教学が時代をリードする学問になる。そんな日が訪れたとしても、少しも驚く必要のない時代が、今や訪れようとしているのかもしれない。

XII章

宗教戦争

恐るべき力を秘めているもの、宗教

正しい宗教、正しくない宗教

●なぜ対立し、戦争まで引き起こすのか

異なる宗教が衝突し、相争うのが「宗教戦争」だ。

現代では、宗教を背景としたテロリズムについても、この宗教戦争という枠組みに含まれるのではないだろうか。アメリカで2001年9月11日に起こった「同時多発テロ」をきっかけに、アメリカが中心になって仕掛けた「反テロ戦争」にも、キリスト教とイスラム教という、異なる二つの宗教の間の根本的な対立ということが関係している。

同時多発テロを引き起こしたのは、イスラム教原理主義過激派の人間たちであると言われている。9・11の後も、ヨーロッパなどで、やはりイスラム教原理主義過激派が犯人と考えられているテロが続発した。宗教戦争などという言い方は、十字軍に遡る古くさい考え方だと思われていたけれど、いきなり思わぬ形で現代に蘇ってきたことになる。

キリスト教徒が人口の1パーセントにも満たず、イスラム教がほとんど浸透していない日本では、宗教戦争も、宗教を背景としたテロリズムも無縁だと考えられるかもしれない。けれども、1995年に起こったオウム真理教による地下鉄サリン事件は、仏教系の新宗教が引き起こしたテロリズムであり、そこに彼らの信奉する宗教の教えが密接に関係していた。

しかも、オウム真理教は、テロを引き起こすために、「サリン」という化学兵器を使用した。民間の一宗教団体が、現代においてもっとも危険な兵器の一つである化学兵器を製造し、実際に使用としたということは、ゆゆしき事態だった。その点について、当の日本社会では、切迫した危機意識が乏しい。けれども、これまで猛毒のサリンが実際に兵器として用いられた例はなく、オウム真理教は、従来の限界を軽々と超えてしまったのだ。

反テロ戦争の戦場となったアフガニスタンやイラクでは、自爆テロなどもくり返されているが、先進国で大規模なテロが起こることはほとんどなくなってきた。アメリカでも、金融危機というより大きな波に見舞われたためもあって、テロに対する一時の警戒感は薄れた。

けれども、テロという行為は、国家を必要としないのはもちろん、必ずしも大規模な組織を必要ともしない。そこが、国家同士の戦争とは異なる。ナップザックに爆弾を入れ、それをどこか繁華街で爆発させれば、相当に規模の大きなテロを引き起こすことができる。

それは、ちょっとした社会の変化によって、ふたたびテロがくり返される事態が訪れる可能性があることを意味する。極端な話、誰か一人が実行しても、世界に衝撃を与えるような事件を引き起こすことができる。その点では、今後も沈静化の方向にむかっていくだろうと、簡単に結論を下すことはできない。

なぜ、宗教を背景としたテロが起こるのだろうか。なぜ、異なる宗教同士は対立し、ときには戦争という事態を引き起こさなければならないのだろうか。

多くの人たちは、その点に疑問をもっている。そこまでして信仰や宗教というものは必要なのだろうか。日頃、無宗教を標榜する日本人は、どうしてもその点について疑問を感じてしまうのだ。

もちろん、これまでの日本の歴史を振り返ってみた場合、宗教戦争と言えるような事態が起こらなかったわけではない。

はるか昔、古代に遡れば、仏教が朝鮮半島から日本に伝えられたときには、仏教を信仰すべきかどうかをめぐって、豪族が二つに割れ、争いが生じたと言われている。

その後、土着の神道と仏教とは、「神仏習合」や「本地垂迹」という形で融合し、対立することはなくなっていくけれど、仏教の宗派の間では対立が生じることもあったし、「法論」という形でそれぞれの宗派の教えをめぐって議論が戦わされるようなこともあった。

中世から近世になってくると、天台宗の総本山である比叡山と、京の町衆の間で信仰された法華宗とが対立し、それが武力衝突に発展することもあった。「天文法華の乱」がそれに当たる。

比叡山は、その乱で、法華宗を打ち負かしたけれど、今度は、織田信長と対立し、焼き討ちにあっている。それは、宗教同士の対立ではなく、世俗の権力と宗教との間の対立抗争になるわけだけれど、信長はさらに、一向宗、今で言う浄土真宗の総本山、本願寺とも対立し、それも打ち負かしてしまう。

中世において、比叡山は、たくさんの荘園を抱え、かなりの経済力をもつとともに、僧兵という武力まで確保していた。本願寺にしても、加賀一国を支配するようなこともあり、権力として戦国大名と拮抗する力を有していた。信長が天下統一を果たす上で、そうした宗教権力は目の上のたんこぶだった。だからこそ、信長は武力に訴えても、比叡山や本願寺と戦ったのだ。

その後、豊臣秀吉や徳川家康のもとで、キリシタンは禁教となり、宗教は、世俗権力の支配下に置かれるようになっていく。江戸時代に、幕府は、各種の法度を出して、神社や寺院をその管轄下に置いた。それによって、宗教は、世俗権力の枠のなかに囲い込まれ、権力とぶつかることはなくなっていく。

その後の宗教と社会との対立ということで、ぼくらの頭に浮かんでくるのは、新宗教をめぐっての出来事だ。

新宗教は、基本的に庶民の宗教で、社会的な権力をもたず、現在の社会体制のもとで、しいたげられている立場にある人間たちが、そこに集まってくる。その点で、反体制の部分をもっているけれど、知識階級の集団ではないので、左翼の政治運動のように、既成の権力を批判する政治勢力に発展することは少ない。

それでも、創価学会などは、自分たちの信仰を絶対とし、他の宗教や、他の仏教宗派の信仰をまっこうから否定したために、衝突をくり返した。

当時の創価学会の会員たちは、わざわざ他の宗教団体の施設に出かけていって、そこで論争を仕掛け、相手の信仰を打ち負かそうとした。その際に、会員たちは、『折伏教典』

という、他の宗教や宗派の教えのどこを批判すればいいのかを記した布教マニュアルを用いた。集団で押し寄せてくるために、批判を受ける側は、かなり困惑し、また迷惑を被ったようだ。

現在の日本の宗教界のなかに、今でも「創価学会アレルギー」が見られるのは、そうした過去の出来事の影響が大きい。それは、一種の「トラウマ」になっていて、創価学会は危険な宗教なのだという感覚が消えないのだ。親から信仰を受け継いだような若い会員になれば、そんなことを聞いても、少しもピンとこないかもしれない。ただ、時代は変わっても、一度できたイメージはなかなか変わらない。

●オウム真理教は宗教そのもの

ほかにも、新宗教が社会とぶつかるようなことは、幾度となくくり返されてきた。急速に勢力を拡大している教団のメンバーは、自分たちの勢力が拡大していくことは、自分たちの信仰が正しい証だと考え、他の宗教や宗派を公然と攻撃する。

これは、宗教を研究したり、宗教について論じるときに、本当に難しい問題にもなってくるのだけれど、「正しい宗教」という観点が持ち出されてくると、事態は途端に難しいものになってくる。

信者は自分たちの信仰こそが正しいと考えているけれど、信仰を共有しない外部の人間は、正しいとは考えない。むしろ、間違っているとか、教祖や幹部に騙されているのだと考える。

宗教の正しさを証明する尺度が存在するなら、それに頼ることができる。ところが、そんなものはどこにも存在しない。その点について、信仰をもっている人たちが納得しないのはもちろん、一般の人たちの間にも、正しい宗教と正しくない宗教とが存在するという感覚はかなり根強く存在する。

オウム真理教の事件が起こったとき、ぼくが一番困惑したのは、実はそのことだ。宗教学を研究していると、とても正しい宗教が存在するなどと言うことはできなくなるのだけれど、一般の人たちが宗教学者に求めるのは、正しい宗教と正しくない宗教との区別だったりする。

当然、サリンで多くの人を殺傷したオウム真理教は、正しくない宗教だということになる。たしかに、彼らが犯罪を犯したことは間違いないし、その点で罪を問われるのは当然のことだ。

けれども、だからといって、オウム真理教は宗教として正しくないという言い方はできない。彼らがやったことはともかく、オウム真理教は宗教以外の何ものでもない。

それは、「カルト」という言い方についても言える。一般の宗教とカルトとの間にはっきりとした線引きをすることは困難だ。けれども、一般の人たちは、カルトという間違った宗教は、社会的に糾弾され、規制をかけられてしかるべきだと考える。

そもそも、オウム真理教については、宗教ということばを使うことからして、批判を受ける可能性がある。仏教界では、サリン事件が起こった後、オウム真理教は宗教でもなければ、仏教でもないというとらえ方が一般的だった。

たしかに、一般の宗教家からすれば、自分たちのやっていることと、オウム真理教がやったこととの間には断絶があり、一緒にしてほしくはないという思いがあったことだろう。けれども、オウム真理教を宗教の枠から排除することは難しい。オウム真理教が宗教だと言ったとしても、それは彼らのやったことを肯定することに直結するわけではない。むしろ、オウム真理教をしっかりと宗教としてとらえ直し、その上でなぜあのような事件が起こったのかを解明していかなければ、事件の本質に迫ることはできないのだ。

しかし、それぞれの宗教が、自分たちの信仰こそ正しいと考えていたとしても、それが、そのまま宗教同士の対立に結びつくわけではない。さまざまな国のなかで、複数の異なる宗教が混在している例はいくらでもある。そうでありながら、長年にわたって、宗教対立が表面化しないことだって、決して珍しいことではないのだ。

●社会の不満が宗教をはけ口に噴出する

それでも、領土をめぐる争いがからんでくると、本格的な宗教戦争という事態が生まれる。その代表が十字軍の場合で、ヨーロッパのキリスト教世界で組織された十字軍は、聖地エルサレムがイスラム教徒の支配下におかれてしまったため、それを奪回することを目的としていた。

エルサレムは、ユダヤ教、キリスト教、イスラム教という、もともとは同じ根っこから発した一神教が共通に聖地をもつ場所で、そこから複雑な事態が生み出されてきた。一つの宗教がエルサレムを支配すれば、他の宗教の信者は排除されてしまうわけで、そこを奪回しようという動きも起こってくる。

ただし、十字軍の場合には、しだいに植民地戦争に近い領土拡張のための戦いの様相を呈していき、必ずしも信仰のための戦いではなくなっていく。領土のような利害がからまなければ、宗教同士の対立が激化することはない。

土地をめぐる宗教同士の対立ということでは、インドのアヨーディヤの場合がそれに該当する。この場所は、もともとヒンドゥー教で信仰されるラーマ神が生誕した場所とされ、聖地としての扱いを受けてきたけれど、インドにイスラム教が広がると、そこにモスクが建設された。

1992年には、ヒンドゥー教徒が、そこを襲い、モスクを破壊してしまい、自分たちの寺院を建てた。ところが、2005年には、反対にイスラム教徒がそれを襲い、寺院を破壊する行動に出た。この対立によって、双方の側に数多くの死傷者が出た。不幸なことに、この対立は、今でも解消されてはいない。

ヒンドゥー教の寺院にしても、イスラム教のモスクにしても、それは、それぞれの宗教を信奉する人々にとっては自分たちの信仰のより所だ。それを破壊されることは、神への冒瀆であり、自分たちにとっての屈辱として解釈される。一度、こうした事態が起こってしまえば、その対立を解消することは至難の業だ。

ただ、社会が平穏無事であり、社会格差が広がらなければ、一般に、宗教対立は激化しない。社会のなかに不満が鬱積し、その捌け口がうまく見つからないとき、宗教という回路が、その役割を果たすようになる。宗教は、それを信仰する人々に、自分たちが選ばれた民であるという自覚を生むことに結びつきやすい。現実の社会のなかで、思うに任せない生活を送っている人々が、自分たちの宗教の正統性を強調することで、優位な立場を確保しようとするのだ。

どういった人間がテロを実行するかということについても、貧困とは直結しないというのが、さまざまな研究が示しているところだ。本当に貧しい人間は、十分な教育も与えられておらず、テロを正当化するような思想を受け入れることが難しい。むしろ、ある程度の豊かさを享受し、高等教育を受けたにもかかわらず、社会のなかでエリートとして十分な待遇を得られないような人間が、過激化し、テロを実行するようになる。その点は、オウム真理教の信者の場合を考えてみればいいだろうし、同時多発テロの実行犯たちの場合もそうだった。

●宗教のなかにある攻撃性

ただ、テロを実行しようとする人間たちが、宗教を基盤に自分たちの考えを組み立てようとするのは、それぞれの宗教のなかに、他の宗教への攻撃を認め、ときにはそれを奨励する教えが存在するからだ。

これは、慎重に引用しなければならないことだけれど、コーランの第9章「改悛」の章の5節には、「多神教徒は見つけ次第、殺してしまうがよい」（井筒俊彦訳、岩波文庫）ということばが出てくる。はじめてこのことばを聞けば、ぎょっとするかもしれない。

ただし、ここにはさまざまな留保がついている。まず、その前には、「だが、（四ヶ月の）神聖月があけたなら」ということばがあり、期間が限定されている。さらには、多神教徒が改悛したり、礼拝のつとめを果たしたり、さらには喜捨を行うならば、逃がしてやればいいと述べられている。つまり、自分たちの信仰に頑強にこだわり、イスラム教徒の生活する領域を犯している場合にのみ、その殺害が正当化されているわけだ。

しかし、もし、この「多神教徒は見つけ次第、殺してしまうがよい」の箇所だけを抜き出してきたら、それは、アッラーを信仰しない者は殺してもかまわないという理屈になってしまう。

キリスト教の場合、中世に「魔女狩り」が横行し、魔女とされた多数の女性が殺害されたが、その際に殺害の根拠として持ち出されたのは、「出エジプト記」の22章18節にある「女呪術師を生かしておいてはならない」ということばだった。「十戒」を定めた神は、殺人を否定しているはずなのに、同じ「出エジプト記」のなかで、それをまっこうから否定するようなことを言っていたのだ。

仏教ではそうしたことはないと思われるかもしれないけれど、「仏に会っては仏を殺せ、仏祖に会っては仏祖を殺せ」といった物騒な言い方も存在している。

親鸞が説いた「善人なほもて往生をとぐ、いはんや悪人をや」という「悪人正機」の考え方からは、善をなすよりも、悪をなす方が、はるかに救われると考えるような人たちも生まれた。

日蓮には、「四箇格言」という考え方があり、それは、「真言亡国、禅天魔、念仏無間、律国賊」となっていて、他の宗派の立場をまっこうから否定したものだった。この考え方があるかぎり、日蓮宗が、真言宗や禅宗、浄土宗や律宗と仲良くすることなどできない。

こうしたことばは、神や仏、あるいは開祖などに由来するもので、それぞれの宗教や宗派では絶対の価値をもち、その内容を否定することができなくなっている。しかし、そうしたことばであっても、時代的な制約があり、背景を考えないと、なぜそうしたことばが生まれてきたのかを理解できない。

けれども、時代的な制約を認めてしまえば、それは、絶対の真理であることを否定することにつながってしまう。現代では、さまざまな宗教が、平和の実現を活動の目標として掲げ、平和運動に力を入れていたりするけれど、実は、それぞれの宗教の主張する真理に、対立を生む根本的な原因があったりする。普段、それは表面化しないが、社会状況が変化することで、社会的に苦しい立場に追い込まれるような人間が出てくると、古いことばに火がつき、対立が再現されたりするのだ。

宗教というものは、さまざまな点で、恐るべき力を秘めている。宗教は、それを信じる者に、宗教以外では得られない絶対的な救いをもたらしてくれたりするものの、人間を極限にまで追い込み、ときには殺人を実行させたり、犠牲を強いたり、さらには戦争の原因になったりする。

信仰のために犠牲になった人々は数知れない。嬉々として自らの命を犠牲にする人々だっていくらでも存在した。それだけ、宗教には、人間をつき動かすとんでもない力が秘められている。

ぼくらは、テロや反テロ戦争という事態に遭遇することで、そうした宗教のもつ力を再認識せざるを得なくなった。近代が訪れたとき、宗教は科学の発展の前に力を失っていくであろうという予測は、半分は当たったものの、半分は当たらなかった。

●オウム以前と以後

そうした状況のなかで、宗教を研究するということが、非常に難しいことになってきたのは間違いない。それをぼくは、オウム真理教の事件を通して、痛感するようになったのだけれど、やはり、宗教学のあり方というものは、オウム真理教の事件の前と後とでは大きく変わってきたと言えるのではないだろうか。

昔、ぼくの宗教学の恩師である柳川啓一先生が、旅行をしていたとき、列車のなかで、他の乗客と話をすることになった。そのなかで、先生がいったい何をやっているのかを説明しなければならないことになり、先生は、熱心に自分がどういう研究をやっているかを語ったらしい。

ところが、先生が話し終わると、その乗客は、「けっこうなご趣味ですなあ」と感想を漏らしたという。柳川先生は、宗教学という学問が、いかに一般の人には理解しにくいものであるかを、このエピソードを通して強調しているわけだけれど、もし、今の時代だったら、話はそういう形には進行しないのではないだろうか。

少し前なら、乗客は先生に、イスラム教のことについて尋ねてきたに違いない。もっと前なら、オウム真理教のことが話題になったことだろう。あるいは、公明党を政権に送り込んだ創価学会のことが話題として持ち出されたかもしれない。

今の時代、宗教についてなら、話が尽きることはない。あるいは、金融危機の後には、こころの時代が訪れるのではないかなど、重要な問題を指摘する乗客もあらわれるかもしれない。

宗教の重要性が増してくれば、宗教学を学ぶ者として、ぼくが考えなければならない事柄は、必然的に増えていく。また、真剣に考えなければならない課題もどんどんと増えていく。

最近の研究の方向性としては、細かな事柄を対象とする傾向が強くなっているけれど、今の状況のなかでは、個別の宗教についての詳細な情報とともに、日本の宗教、世界の宗教が、今いったいどういう状況にあるのかを概観できるような知識が求められている。あるいは、現代において、宗教をどのような角度から考えたらいいのか。その視座が求められているとも言える。

もちろん、世界の宗教について、あるいはその現状について、全体を把握することは容易なことではないし、実際には不可能なことだとも言える。けれども、キリスト教やイスラム教を、日本人としてどのように捉えていけばいいのか。その視点だけはもたなければならないと考えている人たちは少なくないだろう。

さらに、その上で、いったい日本人にとっての宗教はいかなるものなのか、その点についても、分かりやすく解説する必要がある。ぼくは最近、『無宗教こそ日本人の宗教である』（角川ONEテーマ21新書）という本を出版したけれど、まさにこの本は、他の国の宗教と対比させながら、日本人の宗教のあり方について解説を加えた本である。企業の研修会などで、第一線のビジネスマンに、宗教に対する見方を教える講演を頼まれるケースが少なくないけれど、そのときには、この本が格好のテキストになっている。

そうした機会を与えられることで、ぼく自身が学ぶことは少なくない。どうやったら、日頃宗教の問題について考える機会がない人たちに、宗教とは何かを伝えていったらいいのか。それを考えることで、それまでは考えてこなかったことに気づくことも多い。

そうした経験を経るなかで、宗教の世界は奥が深いと、改めて思う。それを窮め尽くそうとしても、とても一人の人間の人生だけでは十分でないと感じる。

つねに、自分の好奇心の対象となる事柄を見いだせるということは、学者にとってこれほどの幸福はない。宗教を追っているなら、それは死ぬまで続く。その点では、乗客が柳川先生に放った「けっこうなご趣味ですなあ」という感想は、必ずしも的外れなものではなかったのかもしれない。

著者紹介

島田裕巳（しまだ・ひろみ）

1953年、東京都生まれ。東京大学大学院人文学研究科博士課程修了。宗教学専攻。オウム事件で事実誤認に基づくメディアのバッシングを受け、日本女子大学を辞任。

その後、名誉毀損裁判で勝利し、『オウム　なぜ宗教はテロリズムを生んだのか』（トランスビュー）でオウム事件を総括した。現在、東京大学先端科学技術研究センター特任研究員。著書は『中沢新一批判あるいは宗教的テロリズムについて』（亜紀書房）『創価学会』（新潮社）『宗教としてのバブル』（ソフトバンククリエイティブ）『日本の10大新宗教』（幻冬舎）『無宗教こそ日本人の宗教である』（角川書店）など多数。

ぼくが宗教を読み解くための12のヒント

2009年5月15日　第1版第1刷発行

著者	島田 裕巳
発行所	株式会社亜紀書房 郵便番号101-0051 東京都千代田区神田神保町1-32 電話……(03)5280-0261 http://www.akishobo.com 振替　00100-9-144037
印刷	株式会社トライ http://www.try-sky.com
装丁	石間　淳

ISBN978-4-7505-0911-2 C0014 ¥1500E